U0449284

中国式管理行为

曾仕强 著

全集·全新

北京大学出版社
PEKING UNIVERSITY PRESS

内 容 提 要

本书结合人性化领导与法制化管理的特点,分基本的理念、工作的原则、沟通的现象、沟通的真谛、人我的分寸、两可的拿捏、是非的判断、凌乱的秩序、会商的技巧、合理的兼顾等10个章节,详细介绍了以人为本的管理法则,对适合现代中国管理者的切实有效的领导艺术进行了剖析与梳理。

在中国当领导,要以人为中心理人、管事,以期达到安人、成事的目的。在忽视人性化领导与法制化管理的区别的情况下,很多中国管理者因盲目推崇西方式管理技巧而出现过度管理的问题,进而影响整个组织的绩效。

本书案例丰富,详细剖析以人为中心的管理法则,揭示中国管理者沟通难、授权难、管人难等问题的根源,提炼适合现代中国管理者的领导艺术,非常适合对人际关系、人性、沟通技巧、管理感兴趣的读者阅读。

图书在版编目(CIP)数据

中国式管理行为:全集·全新 / 曾仕强著.
北京:北京大学出版社,2025.8. — ISBN 978-7-301-36207-5

Ⅰ.C936

中国国家版本馆CIP数据核字第2025EP4904号

书　　　名	中国式管理行为(全集·全新) ZHONGGUO SHI GUANLI XINGWEI(QUANJI·QUANXIN)
著作责任者	曾仕强　著
责 任 编 辑	滕柏文
标 准 书 号	ISBN 978-7-301-36207-5
出 版 发 行	北京大学出版社
地　　　址	北京市海淀区成府路205号　100871
网　　　址	http://www.pup.cn　　新浪微博:@北京大学出版社
电 子 邮 箱	编辑部 pup7@pup.cn　总编室 zpup@pup.cn
电　　　话	邮购部 010-62752015　发行部 010-62750672　编辑部 010-62570390
印 刷 者	涿州市星河印刷有限公司
经 销 者	新华书店
	880毫米×1230毫米　32开本　17.5印张　310千字 2025年8月第1版　2025年8月第1次印刷
印　　　数	1—6000册
定　　　价	99.00元

未经许可,不得以任何方式复制或抄袭本书之部分或全部内容。
版权所有,侵权必究
举报电话:010-62752024　电子邮箱:fd@pup.cn
图书如有印装质量问题,请与出版部联系,电话:010-62756370

自序

个案研究是学习管理的有效方法，但是在中国社会推行起来相当困难，因为我们自己的个案很难建立。由于我们的习惯——通常报喜不报忧，个案大多失真，研究的结果势必大受影响。如果据实编写，难免有好有坏，于是有些人不高兴，有些人会受害，甚至有些人会提出抗议，后患无穷。在不得已的情况下退而求其次，用西方的个案进行研究，就算殚精竭虑、费尽心思，结果也大多不切合国情，对实际管理的指导作用并不大。

行为科学用科学的方法对人类的行为做系统研究，自1950年以来，对管理的助益十分显著。不过，针对西方人的行为进行研究，只能够明白西方人的行为逻辑，很难了解中国人的所言所行，没有太大的用处。

本书尝试以绝大多数中国人的行为为着眼点，以期用个案研究的方法，透过中国人的行为看中国人的管理。我们不使用前因后果完整的个案，以免涉入太深，引发很多后遗症。我们使用片段化的事实进行分析和说明，应该比较贴切。

由于范围不够广泛、内容不够深入，本书仅能勉强分成基本的理念、工作的原则、沟通的现象、沟通的真谛、人我的分寸、两可的拿捏、是非的判断、凌乱的秩序、会商的技巧，以及合理的兼顾等10个章节，逐项分析、探讨。

很多朋友认为，我们不需要刻意强调中国式管理，但是中国的风土人情实实在在地影响着很多中国人的管理行为，丝毫不容忽视。有时，大家会异口同声地表示："使用中国人自己的方法来解决中国人的问题，的确事半功倍。"

另外一些人表示："人的行为大同小异，中国人和西方人的行为差不多。"这种看法没问题，但是站在管理实务的立场上，我们不仅要重视"大同"，还要重视"小异"。我们常常称中国人如何如何，实际上并不是"中国人如此，西方人相反"，而是"中国人和西方人在这些方面有不同程度的差异"。

不是"有"或"无",而是"多"或"少"。如此,才不至于陷入"二分法"的困境。

有一个问题很常见:"'中国人'的定义究竟是什么?"

我们的态度是秉持文化的立场:"凡是接受中华文化,以中华文化为言行依据的人,无论其血统、出生地、国籍为何,都是'中国人'。"根本不重视中华文化,甚或鄙视中华文化、不依中华文化而行的人,在我们眼中,都已经不算是中国人了。

中国人当然可能有若干偏差行为,违背中华文化。如果这些人明白正道以后,能回归原点,有正当的行为,便还是堂堂正正的中国人。

有些人对中国人怀有成见,以致一辈子不了解中国人的行为,因而也不明白中国式管理的真谛。有些人则自以为生在中国,当然了解中国人的所言所行,不愿意花费时间和精力来研究中国人的行为。这两种心态——"过"与"不及",正是今日众多中国人不了解中国人行为的根本原因。

由于中国人的包装哲学和西方人有很大的差异,中国人的行为,很难依照西方标准审查和评估。很多当代中国人有个毛病:喜欢用西方的观点来评判中国人的行为,以致样样看不惯,而内心深处存在着某些中国人的牢不可破的传统观念。看的、想的是一套,做的是另一套,经常有"嘴巴上说得好听,实际上办不到"的行为。久而久之,口是而心非,形成言行不一致的恶习,更为不幸。

出版本书,是希望大家能够依据中国人的行为,把管理的道理切实地付诸实施,并求其圆满、有效。

很多朋友表示,书中的个案经常能遇到,而所提的解决方法,的确能够给予实在的帮助。这些鼓励,使我们在明知不够齐全的情况下,仍然付梓,以期抛砖引玉,有更多高明之士来做这方面的研究。

世界上的事情,看起来十分复杂,然而归纳起来,不外乎若干类型。平日把这些常见的个案放在脑海里,遇到类似的情况时,便可以将相关的问题和可行的方案一并纳入考虑。对于解决当前的困难、研判未来的发展,应该大有裨益。

尚恳各界贤明,不吝指教为幸。

曾仕强

序于兴国管理学院

前言

❖ 中国人的管理行为特性

我们只有一个地球。西方人从西方看地球，东方人从东方看地球，竟然产生两种不同的看法。影响所及，形成东西方管理行为的差异。

西方人观察宇宙万物，发现所有生物都发端于一个基本细胞。基本细胞分裂为二，二分裂为四，四分裂为八，这样发展下去，终于形成植物、动物与人类。

中国人观察宇宙万物，发觉"易有太极，是生两仪，两仪生四象，四象生八卦"，如此生生不息，和西方科学所发现的事实，可以说完全一样。

中西双方都认为宇宙万物是一生二所衍生的结果。

但是，进一步推究"一怎么能生二"时，彼此有了不同的看法。

西方人认为"一个基本细胞分裂为二"的原因是"二构成一"。

马绍伯先生指出，二构成一，就"二"看，是两种现象。

二构成一，一当然很容易分裂为二。

我国先哲肯定"太极是阴、阳所构成的单元"，不过认为在"二构成一"之外，还有"一内涵二"。

马绍伯先生说："一内涵二，就'一'看，则两种现象皆发于同一本体，老子所谓'同出而异名'，正是如此。"

西方重视"二构成一"，总是从个体对立的角度看事物：公司有劳资双方的对立；同事有优劣的对立；公司之间的互助、竞争，亦是相互冲突的对立。

中国古人认为对立固然存在，对立双方却也相辅相成。由"一内涵二"的取向不难发现：对立存在于统一。因此，《中庸》说："万物并育而不相害，道并行而不相悖。"意为"万物同时生长而彼此不相妨害，各种行为准则或规律并行而彼此不相违背"。具体而言，有公司才有劳资双方的存在，彼此应该互信互谅；同事之间有优才显得有劣，有劣才显得有优，大家应该互助；公司之间既有互助，又有竞争，才力求精进，必须合理合法，以谋公平合作。

在管理上，"二构成一"对应的是西方人"一切依据是非来判断"的科学化行为。对就是对，错就是错，相当简单明了。

西方式管理喜欢问"什么是对的？是A还是B？"，他们的答案往往很肯定，不是"A是对的"，便是"B是对的"。若A是对的，那么，A就成为需要共同遵守的标准；如果B是对的，B就顺理成章地成为标准。西方人喜欢把判断是非的结果明定为公是公非，称为"标准化"，即"用科学的方法，研究制定是非标准，并力求切实施行"。

为要求组织成员共同遵行公是公非，必须将一切说清楚，并提出同一标准，进而明定为制度。大家一体遵行某些制度，叫作"制度化"。

制度是组织所有成员一切分工合作行为的基本规范，是管理的出发点。任何成员，其行为合乎制度的即为对的行为，否则便是错的行为。前者为组织所欢迎，后者则为组织所不许。

如图1所示，A和B之间有一条直线。A大于B则A对，B大于A则B对。是非有争议的时候，采取"多数决"的民主方式，通过A和B彼此制衡决定孰是孰非。经争执达成新的协议之后，立即修订原制度，成为今后再有争议时的评判标准。

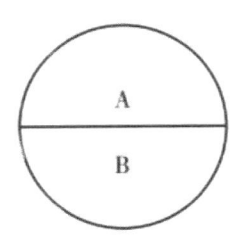

图1 二构成一

西方的"二构成一"观点是形成他们的"制衡思想"的基础，并发展为经谈判分出大小或是非，以便共同遵行的"制衡行为"。

这种行为的理论基础是"个人主义"。"谈判"指为满足各自的需要而进行的交易，明确"是非"是在明确个人的权利与义务，而"制衡"是在维护个人的权益。

在管理上，"一内涵二"对应的是中国人"圆满重于是非"的人性化行为。我们常说：“这样做是对的，可惜不够圆满。”可见"把事情做对"，未必等于"把事情做好"。中国人要求"把事情做好"，而非止于"把事情做对"。

中国人当然也问"是甲对还是乙对？"，只是答案很少是"甲对"或"乙对"，多半是"甲对，乙也不见得错"，或"乙错，甲又能对到哪里去？"

除非是十分明显、简单的事情，否则我们总觉得是非难明！

中国人重视是非，却更了解粗理很好讲，任何人开口便可以说出一大堆道理；细理不好讲，仔细推敲起来，每个人说的道理都存在着若干瑕疵；微理很难讲，深究下去，到了十分精微的地步，似乎永远说不清楚；玄理犹可讲，没有办法时，往往会把道理说得玄而又玄；妙理不可言，真正的道理多半妙不可言，且语言、文字本身就是沟通的障碍，需要非常谨慎，不可擅下判断。因此，老子说："道可道，非常道。"意为"能够说得清楚的道理，已经失去它的普遍性，带有某些特殊性了"。

相信资深的主管都有这种经验：某件事情出了差错，涉及甲、乙、丙3个人，甲说得理直气壮，乙、丙何尝不是如此？我们常指责中国人爱讲理由，个个都是找借口的专家，导致评判者左右为难，不知谁对谁错，实在与"公说公有理，婆说婆有理"有相当密切的关系。因为道理人人会讲，是非很难明断！

我国的太极图像并非玄想而来。太极代表"圆满"，本质上是一个主体。在此主体内，有"是""非"两种相异的现象。"此亦一是非，彼亦一是非"成为中国人的"太极思想"，并进一步发展为"听一句话，要先问清楚究竟是谁说的，以便决定是否遵行"的"太极行为"。

这种行为的理论基础是"交互主义"。中国人既不完全奉行"个人主义"，又不完全奉行"集体主义"；中国人既有"个人主义"思想，又有"集体主义"思想。常听到中国人说"输人不输阵""团结起来才有力量"，但是言犹在耳，有些人发现形势不对，依然会率先溜之大吉；当然，还有些人能说到做到，临阵绝不脱逃，至死不渝。中国人的原则有较强的"看你如何对我，我就如何待你"的交往性，通俗地说，叫作"彼此彼此"。

放眼望去，宇宙万物无一不是圆弧形的。凡直线形的，都是人为的。人为为伪，形式化的东西，中国人大多不喜欢，其道理在此。

如图2所示，在太极思想中，彼、此之间不是一条直线，而是阴阳对称、自然顺畅的圆弧曲线，形成管理上"不明确"的"分寸"。中国人必须善于把握自己应守的分寸。无"过"与"不及"，的确相当困难，需要历练与智慧，因此，有些人对此十分厌恶，甚至到了怨恨的地步。

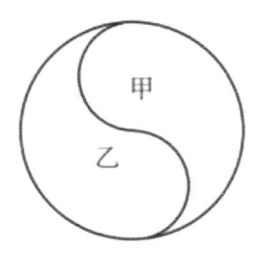

图 2 一内涵二

如图 3 所示，日本人学习中华文化，很难做到变化自如，学到后来，既没有曲线，又没有直线，只剩下一个圆形的外壳。日本人自称"大和民族"，"大"者，"太"也，"和"即是"顺"，说起来就是"过分求圆满"，形成"太顺的'事大主义'"。

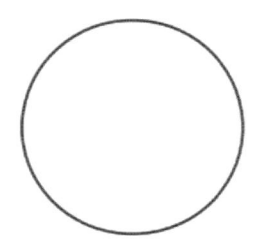

图 3 大和太顺

绝对服从，固然有利于力量集中，但是，万一决策有重大的错误，而决策者过于大且有力，则大家盲目服从，势必害己害国。历史上，日本军国主义盛行，不就是最好的证明吗？

"大和思想"发展为日本人"一不怕苦、二不怕死、一切为团体荣誉而努力"的"大和行为"，其理论基础是"集体主义"。

太极行为的根源是人性。凡人皆有喜怒哀乐之情，未发时谓之"中"，发而中节便是"和"。中国人讲求的"和"是"用"的一种境界，其"体"为"中"。"体"不离"用"，"用"不离"体"，其间的不同，只在已发与未发。未发的"体"，没有不善的；已发的"用"，有善有不善。《中庸》特别指出："发而皆中节，谓之和。"是在说明我们所追求的"和"是已发的善的情，摒弃了不善的情。

成中英先生用孔子"一以贯之"的纵贯和横贯两种关系来解释"持中致和"的道理，他说："'和'是横的一贯，'中'是纵的一贯。文化本身应该有'中'与'和'的道理，这是中国哲学最基本的智慧。"

西方人，特别是美国人，比较简单，凡事只想得到自己的权益，即"不要让自己的权利睡着了"。每一个人都为自己而争，最后总能获得制衡的结果。"对'朋友'来说，只有在'有用'的时候，才是真正的朋友"，这是很多美国人坚定的信念。

日本人也相当单纯，凡事只需要顾及对方，比比究竟谁比较大。你大，我听你的；我大，你听我的。这种观念影响着他们的行为。

中国人就很复杂，不但要想到"我"，还要顾及"你"，更不能忘掉"他"。对上下、左右、前后的利害关系，我们必须同时深思熟虑、面面俱到，才不会在不知不觉中树敌，招来无穷的后患。

在横的方面，要"和"——对任何人的感情，都应该发而皆中节，保持恰到好处的人际关系。在纵的方面，要"中"——对任何人、事的处置，都应该有自己的原则，时刻不离这一根本。

中国人不能不坚持原则，否则人家会批评他"没有定律""缺乏制度观念"，甚至"胡作非为"。但坚持原则时不能到处得罪人，弄得鸡飞狗跳，妨害安宁。持中致和，即既要坚持原则，又要和谐相处。"和"是广结善缘的意思，用"广结善缘"来"坚持原则"，既会做人，又能做事，叫作"致中和"，乃真正的圆满。

不能"致中和"，结果必然"和稀泥"。如今大家因痛恨"和稀泥"而怪罪"致中和"，似"一朝被蛇咬，十年怕井绳"，未免因噎废食！

太极行为是人性化管理的表现，目标应该放在"致中和"上。如今有些人不明了"太极行为本身十分正确，只是长久以来'过'或'不及'，产生了不少弊病"的真相，铁口直断其为偏差行为，加上不断使用西方标准或日本标准来测试，越看越觉得落伍、毫无价值，是走入了误区的表现。我们不妨改称其为"中和行为"，以免引起不必要的误解与无谓的争论。

中和行为的第一个特性是"不执著"。中国人满脑子"那可不一定"，增加了管理的困难，举例如下。

1. 不容易听信别人的话。
2. 不重视团体规约。
3. 不完全遵照上司的命令行事。
4. 不认真接受工作规范。
5. 不相信企划。
6. 不能真正地做到科学化。
7. 不容易完全标准化。
8. 不愿意与大家一致，总认为"我应该特别"。

高阶层领导，针对同样一件事情，可能"表示关切"，也可能"震怒"，完全视情况而异，目的只有一个：先表明和自己没有关系，再看做这件事情的人是谁、可能导致什么样的后果，最后"选择"自己的反应。

中阶层领导弄不清楚高阶层领导究竟是会"表示关切"还是会"震怒"，有责任必然会尽量往下推卸，以便在高阶层领导"表示关切"时跟着"表示关切"、在高阶层领导"震怒"时跟着"震怒"，安全第一。

基层人员经常"押宝"，有时押对，有时押错，久而久之，干脆不押了，凡事能推即推、能拖即拖，否则也咬文嚼字、察言观色、多方斟酌。基层人员在这种情况下给出模棱两可的态度，我们能责怪他吗？

不过，中国人"不执著"，在管理上也有很多好处，举例如下。

1. 头脑灵光。善于应变，对频繁变动的环境有良好的适应能力。
2. 自动调整。在推进工作的过程中能适时调整，不断随机应变，以求达成目标。
3. 弹性应用。有极大的弹性，能承受公司内外环境变迁带来的多种压力。
4. 把握形势。面对有利的形势，能及时加以把握，不受原定计划的限制。
5. 不畏艰难。兵来将挡，水来土掩，天大的问题，只要中国人有心去解决，都有办法解决。

人和机器比较，不同在于人有较大的弹性。我们现在极力设法提高机器的应变能力，但在这方面，机器仍然和人有无法估量的差距，永远无法完全代替人。

中国人的"不执著"正是弹性大的表现。美国人看日本人，变来变去，没定准；日本人看中国人，简直是飞来飞去，没定处。中国人的不执著程度，堪称世界之冠，说得难听一点儿，中国人最喜欢变鬼变怪；说得好听一些，中国人最擅长应变创新。"变鬼变怪"其实就是"应变创新"，这是中国话的奇妙之处。中国话与中国人一样：不确定啊！

中国台湾地区近几十年来的经济发展情况是不是和我们"不执著"的行为特性密切相关呢？请先深思再下断言。

中和行为的第二个特性是"不受管"。中国人一开口就是"谁要你管？"，我们很少在中国人口中听到"请你赶快来管我"这类话。

"我做了这么多年事，难道还要你管？"

"你想管我？先把你自己管好再说！"

……

任何领导要管他的下属，他的下属都会一肚子不高兴，在心里盘算："好，你想管我，我就想办法气你。不把你气死，你就总是要管我！"结果领导多半会被气得不轻，因为中国人里多的是"气人专家"。

下属不能管，谈什么管理呢？不用担心，中国人有的是办法。

我们的管理态度是先看能不能管，再决定怎么管——能管就管，不能管就"理"。你"理"他，他才会理你。如果"理"不好，就应该以"安"为主，你尽力"安"他，他才会自愿卖力，这是中国人最高明的"安人"。

安人比理人高明、理人比管人有效，若大家一心一意地想管人，很可能会把人与人之间的关系搞乱，很难获得好好工作的效果，更谈不上有良好的绩效。

中国人常问："人都安顿好了吗？"如果答案是"安顿好了"，则能够放下心来。西方人常说"OK"，中国人一句"安啦！"，意为"放心吧！"，比"OK"更为灵光。

中国人的"不受管"会为管理增加很多困难，举例如下。

1. 不喜欢承受压力。越是压他，他越是表面应付、内心不愉快。
2. 不爱看规约。你要他签字，只要大家都签，他就会跟着签，很少会认真地看规约，更谈不上将规约记在脑子里。
3. 不喜欢上司常常盯着他。若上司经常要他这样、要他那样，他表面上在听，实际上未必以为然。

当然，中国人"不受管"也有很多好处，举例如下。

1. 不必管他。善于领导的人，懂得"安"他、看得起他。退让一步，不去管他，他反而会主动去做。
2. 不必操心。操心根本没有太大的用处，因为你越急，他越不急。只要"安"他，让他身安心乐，他就会主动去操心，变成他急，你不用急。
3. 不必制衡。中国人不喜欢被管，本来就是一种制衡。用不着想方设法地安排制衡的力量，因为这样做，到头来多流于形式。

中国人的"不受管"不是一定的。在他做得顺手的时候，最讨厌别人管他；而一旦遭遇困难，特别是在走投无路的时候，他很可能会大声喊叫："为什么你什么都不管？"

需要时要你管，不需要时不要你管，这才是中国人不受管的真相。中国人的"不"中含着"要"，先"不要、不要"，再"要"；先"不露、不露"，再"露"；先"不会、不会"，再比任何人都"会"……实在值得我们好好琢磨一番。

"不受管"含有"受管"，关键在于"需要"。贤明的管理者，应该先让对方觉得有需要，再去管理，即平时有充分的准备，只待时机来临，亮出锦囊妙计，而不是和下属一起在困境中愁眉苦脸。预测、前瞻不是平日里说着玩的，是紧急时要能露一手的。

中和行为的第三个特性是"爱讲理"。现在，很多人对情、理、法的重要程度有着很严重的误解。很多人接受了西方"排在前面的为优先"的排队观念，认为中国人最重视的是"情"，殊不知中国人向来有"居中为吉"的次序观，情、理、法三者，"理"居中，所以最为重要。在中国人的心目中，情、理、法都很重要，但是，真正比较起来，还是"理"更胜一筹。

前　言

中国人最重视"理",表现在"人人爱讲理"这一行为上。我们一再强调"读书,要明理;做人,要讲道理",深信"有理走遍天下,无理寸步难行",因而"理直自然气壮",遇到争执,总是"请老先生评评理"。

事实上,中国人最受不了的一句话是"你这个人怎么不讲理!"。

中国人"爱讲理",这会为管理增加很多困难,举例如下。

1. 理不易明,很难沟通。道理多半是相对的,究竟孰是孰非,很难判断。如果事事都要讲道理,实在不容易沟通,因为中国人几乎人人不服输。

2. 各说各话,很难协调。任何场合,特别是公开场合,中国人大多各说各话。"只有嘴巴,没有耳朵"会增加协调的困难,就算"有耳朵",结论也多是各有偏重。

3. 固执一理,形成意气。人难免有成见、偏见,这并不可怕,但如果加上"固执",就万分可怕了。中国人"不执著",却容易固执己见,陷入基于面子的意气之争。

4. 立场改变,理随着变。中国人重视立场,往往计划时偏儒家风格,执行时偏道家风格,考核时则有一副释家的菩萨心肠。或者,在位时是儒家风格,不在位时变道家风格。

5. 理说得多,实行得少。有些人误认为"沟通就是多言",因而尽在那里说道理,以致没有时间真正实行。"沟通"与"多言"完全是两回事,要沟通,却不可多言,这才是有效的沟通。

在管理上,中国人"爱讲理"也有很多好处,举例如下。

1. 让他自己讲。中国人爱讲理,且常认为自己讲的才有理,别人讲的都不尽合理。在管理上,只要有办法"让他自己讲",他就赖不掉。

2. 一切求合理。对中国人而言,管理,即"管得合理"。只要警惕理不易明,做到谦虚能容、力求合理,中国人自然会接受。

3. 理直气就壮。无论众人如何议论,只要自己有理,便不必害怕,更不必斤斤计较。注意，"气壮"的意思是"心安"，并不是"壮起胆子和人家斗气"。

4. 有理者得人心。虽然有理终究得人心，但是得人心者更容易显得有理。因此，"由情入理"才合情合理。只要不存心讨好，得人心是有理的有效证明。

5. 有理可约束人。有理，便可以依据道理来约束他人，不过，要先让对方觉得你有理，再对对方施加约束。基于此，中国人说"法"的时候，喜欢连带着说"合理合法"。

"合情合理""合理合法"，"情"和"法"都要把"理"拉进来，足以证明中国人最讲道理。一切管理行为，不执著到合"理"的程度，让"不受管"的人也合"理"地接受管理，就是真正适合中国人的"管理合理化"！

中国人的管理行为一直在改变，但是这3种特性几乎没有改变。检视我们的日常管理情况，很容易印证这一事实。

一切都在变，中国人当然也在随时代改变。不过，中国人变的是有形的部分，凡是看得见的、与物质关系较为密切的，中国人爱时髦，一直在变；至于那些看不见的、精神方面的特性，中国人把握得十分妥当，很少改变。要不然为什么说"中国人永远是中国人"呢？

管理有两个系统，一个是管理技术，注重计量方法、数理模型和电脑应用；另一个是行为科学，注重组织理论与人力调配。前者世界通用，不受国界的限制；后者因各国风土人情的不同而异。在中国人所在的地区实施管理，最好能根据中国人的特性做适当的调整。

正所谓"一样米养百样人"，中国人的管理行为看起来千变万化。但是，中国人一直讲求"持经达变"，因此"万变不离其宗"——变来变去，依然不执著、不受管。我们只好努力把握道理，让自己管得合理、让对方变得合理，这是充分顺应中国人的特性的做法。

总之，中国人的管理行为重点为"一切求合理"。

我们普遍认为：合理就好。

彼此都合理，当然可以实施合理化管理，最合乎人性。

目录

第一章 基本的理念

- 导　言　002
- 和谐绝非讨好　004
- 看开而非看破　010
- 圆通绝非圆滑　016
- 尊重而不盲从　021

第二章 工作的原则

- 导　言　028
- 流汗不流血　030
- 做事不坐牢　036
- 卖力不卖命　042
- 争气不争功　048

第三章 沟通的现象

- 导 言 056
- 先说往往先死 058
- 不说也是会死 063
- 最好说到不死 069
- 行动胜过语言 075

第四章 沟通的真谛

- 导 言 084
- 三大特色 086
- 上下界限 092
- 要用看的 097
- 不说好话 103

第五章 人我的分寸

- 导 言 110
- 弄清楚对方是谁 112
- 小心才不会上当 118
- 凡事求自己合理 123
- 当心"程咬金系统" 129

目 录

第六章 两可的拿捏

导 言 136
错的骂,对的也要骂 138
听话的骂,不听的也骂 143
不让不好,让也不好 149
对的事,要合理坚持 154

第七章 是非的判断

导 言 160
是非很难分辨 162
怎么说都有理 168
让制度背黑锅 173
圆满中分是非 179

第八章 凌乱的秩序

导 言 186
乱中才能看出理来 188
凌乱正是情的交流 194
不明言启发有心人 199
下属应该适时请示 204

第九章 会商的技巧

- 导　言 210
- 会而不议 212
- 议而不决 218
- 决而不行 224
- 由情入理 229

第十章 合理的兼顾

- 导　言 236
- 好不好都犯忌 238
- 听不听都可以 244
- 找不找都不行 249
- 罚不罚都有理 253

结语　中国人的包装哲学

第一章

基本的理念

导 言

中国人的基本理念，说起来相当简单，真正遵从并不容易。因为正反之间的不同十分细微，所以稍不留意，就会"失之毫厘，谬以千里"，出现越来越大的偏差。

和谐绝非讨好——很多人错以为"中国人喜欢被讨好"，只要肯用心去讨好中国人，自然左右逢源、什么事都办得好。其实，中国人最不容易被讨好，因为中国人的警觉性很高，遇到有人尝试讨好自己，会立即提高警觉："他为什么对我这么好？"进而忐忑："他究竟安的什么心？"甚至"心里好笑"，处处加以防备。

历史上有很多事实证明，喜欢被讨好的人容易被小人包围，最后拖累自己。这更加让如今的中国人对存心讨好自己的人敬而远之。

看开而非看破——看开不是看破，一切都看破，就会消极、退缩。一切都是空的、假的，我们心里明白，但在未看破时，仍旧会把它们当作真的。能否等到、能否获得，根本无所谓，能够"当一天和尚撞一天钟"，兢兢业业地撞下去，就叫"看开"。中国人主张"尽人事，听天命"，便是看开的表现：我只管尽自己的一份力，至于成功不成功，并不计较。这不是很多人批判的"尽力主义"，即好像对成功不抱太大的希望，而是进一步了解了"'成功'本身是假的"这一点后的表现。此时的成功，不过是以后失败的伏笔——历史上每一朝代的开创，都对应着末代的危亡。

看不开，就会只许成功，不许失败，苦恼多于欢欣。人生不如意事十之八九，哪里受得了？

圆通绝非圆滑——很多人分不清"圆通"和"圆滑"，以致把"圆通"当作"圆滑"，滋生众多不满和怨恨，颇为遗憾！"圆通"和"圆滑"，从过程上看，一模一样，都是不断地推、拖、拉，但从结果上看，完全不一样——推、拖、拉到最后没有解决问题的，是"圆滑"；推、拖、拉的结果是把事情圆满解决的，是"圆通"。过程相同，结果完全不同。

中国人做事非推、拖、拉不可，如果一味地认为推、拖、拉是坏事，就会事事看不惯，以致整天不愉快。

合理地推、拖、拉，把推、拖、拉的功夫打磨到出神入化的地步，才是真正的圆通。

尊重而不盲从——有些人错以为中国人喜欢"乖乖牌"，似乎只要顺从，就有前途。实际上，中国人并不欣赏完全听话的人，甚至把他们称为"奴才"。

中国人重视的是有所听有所不听的人，即尊重他人的意见但不会盲目顺从的人。

尊重不一定是口服心服的表现，背后很可能是"你对我好，我没有理由不对你好"，以及"你尊重我，我当然也尊重你"的交互心态。中国人相信"敬人者，人恒敬之"，便是此理。

作为堂堂正正的中国人，要知道，求和谐但绝不讨好、要看开而非看破、努力圆通而非圆滑、给予尊重但不盲从才是光明正大的良好心态。

和谐绝非讨好

个 案

王先生来了，主人李某招呼他坐下，随口问他："喝点什么东西？"

王先生循惯例回答："随便，随便！"

问题一：中国人喜欢说"随便"，真的是"随便怎么样都行"的意思吗？

问题二：李某应该怎样招待王先生才算合理？

问题三：面对李某的招待，王先生可能有什么样的反应？

问题四：万一有新的变数出现，应该如何应对？

问题五：如果王先生对主人李某而言十分重要，李某会如何反应？如果并不重要，李某会如何反应？

请把您的高见简要地写下来。

分析

◈ 分析一

李某听到王先生说"随便",立刻心里有数——中国人的"随便",并不是"随便怎么样都行"的意思,至少有以下 3 种含义。

第一种,客人不知道主人究竟有什么好东西,不方便猜来猜去,以免弄得大家都没有面子。

第二种,让主人自己衡量、斟酌,把自认为合理的待客东西拿出来,这样才显出主动、自发的诚意。

第三种,客人想根据主人拿出来的东西估量自己在主人心中的地位,充分了解彼此的关系,进而决定选择哪种谈话方式。

◈ 分析二

李某明白王先生的意思,暗自思量:家里还存有半瓶 XO(顶级的、上乘的白兰地),但是,说好张总经理下次来的时候要好好喝几杯,不能在此时拿出来。

而且,像王先生这样的朋友,论交情,很不错,可是在利害关系方面,似乎不能够和自己的顶头上司张总经理相比。

权衡后,李某断然决定,泡一壶乌龙茶请王先生喝。

◈ 分析三

王先生满心欢喜——主人的确有诚意,没有真的随便倒一杯白开水给我,也没有相当随便地拉开冰箱拿一瓶冰红茶充数,承蒙他看得起,给我泡乌龙茶喝,可见在他心中,我王某还是相当有分量的。

中国人心里高兴,所有乌龙茶都是冻顶乌龙茶;心里不高兴,一切洋酒都是本地酿造的假冒品,要不然就是别人送的次级品,用不着感谢。

王先生很高兴,觉得李某很够意思,便开怀畅谈了起来。

◈ 分析四

谈着谈着,门铃响了,李某打开门一看,糟糕,来人竟然是刚才想起的张总经理。

"欢迎，欢迎！请进，请进！"李某嘴上说着，心里盘算着：张总经理提前造访，大概是想起了那瓶 XO，这下怎么办才好？

"总经理，这是我的老同学，王先生。"

"请坐，请坐！"

一阵寒暄后，李某想好了一套解决问题的方法。他大声地叫太太："惠君，你到底把那半瓶 XO 藏到哪里去了？我刚才找了半天找不到。"

太太马上听懂了先生的话外意，大声地回答："我昨天打扫厨房，怕把它弄脏，特别藏起来的。"

声到人也到，太太手中拿着 XO 走了出来。李某早已准备好酒杯，顺手接过酒瓶，笑嘻嘻地为大家各斟一杯，同时大声地对太太说："酒找到了，鱿鱼丝和牛肉干呢？"

很快，大盘小盘一起出现，张总经理很有面子，王先生也很高兴，因为自己沾了光。

◆ 分析五

如果王先生对主人而言十分重要，相信主人早已打听清楚王先生喜欢哪种饮品并准备妥当了，不会问"喝点什么东西"。

如果并不重要，主人也许会问，却不会太在乎答案，很可能话刚问完，不待王先生回应，白开水就端上来了。

说 明

李某大声地叫太太，这是中国人的绝招，在处理人际关系的过程中，有时有转危为安的决定性作用。

中国人很有意思，都知道"如果两个人大声说话，便是讲给其他人听"的道理，而且能够掌握时机、运用自如。

想想看，张总经理提前造访，未必没有对那半瓶 XO 被喝掉了的担心。如果李某只顾虑王先生的面子，请张总经理一道坐下来喝乌龙茶，张总经理心里难免不高兴："你以为我真的那么空闲，到你家喝这种粗茶？"

王先生来的时候，很聪明地说了一句"随便"，闽南话为"请裁"，即"请你自己裁量，看看拿什么东西招待我最合理"。李某没有真的随便拿一杯白开水出来，但想起了那半瓶 XO，没有拿出来。现在张总经理一到，立刻改拿 XO，传扬出去不是坐实了自己是"马屁精"？

不拿不行，会影响对张总经理的招待；拿也不行，会让王先生面子受损、到处抱怨，甚至将他形容得既势利，又现实。左也不是、右也不是的难题，用一句大声说的话化解了。

王先生听说李某"刚才找了半天"，一颗心会安定下来——李某把我当好朋友看待，刚才我来的时候，已经有意把 XO 拿出来，只是"找了半天没有找到"，原来是李太太"怕把它弄脏，特别藏起来的"。

有人说这是中国人的阿 Q 精神，但不管怎么说，有这种精神，至少不会大小事情都看不开，动不动就闹脾气。

张总经理更是开心——王先生是李某的老同学，但交情这么深厚也喝不到 XO，还是我这个总经理比较重要，哪怕是"特别藏起来的"，也得及时找出来。

当然，最开心的莫过于李某夫妇——夫唱妇随，十分默契。夫妇间一问一答，配合得天衣无缝，把原本可能会让所有人尴尬的难题一下子化解开来，让所有人都觉得圆满，岂非一大乐事？

中国人讲求"和为贵"，解决问题的方法和西方人不同。主要差异在于西方人解决问题倾向于以科技知识为工具，以宗教信仰为后盾——他们既相信"知识即力量"，又相信"信主得永生"，前者来自希腊传统，后者得自希伯来精神，形成现代西方人的"二希"方法；中国人则自古以来倾向于用和谐解决所有问题。

实际上，了解中国人性格的人，很容易看出中国人太喜欢争，而且一争起来往往不择手段，多半不遵守游戏规则。因此，不能鼓励中国人竞争，应该让其走出"不争之争"的路——用不争来争，以"让"代"争"，即在"和谐"中化解"恶性竞争"，以免两败俱伤，甚至同归于尽。

对那半瓶 XO 而言，张总经理、王先生和李某都是竞争者，如果直接明确胜利者是张总经理，王先生的面子必然挂不住。若王先生"有仇必报"，受害者一定是李某。若为了顾虑王先生而委屈张总经理，后果如何，更是不必多说。

很多人有这样的误解：对中国人来说，讨好他总是没有错的。这种存心讨好的心理，不知道害死了多少人！

第一，中国人很不容易被讨好，通过"把身上的肉割下来给他吃，他还会嫌咸"这句流传甚广的话就可见一斑。

第二，中国人的警觉性很高，时刻提防人家讨好他，总是觉得"他不可能无缘无故地对我这么好，是不是在动什么脑筋"。

第三，中国人一旦发现人家存心讨好他，不是谢绝、不领情，便是"吃定"他，丝毫没有情分可言，两者对施加讨好行为的人而言都是不利的。

总之，喜欢被讨好的人，最终多被小人包围，拖累自己；喜欢讨好别人的人，不可能讨好所有人，因为讨好所有人等于没有讨好任何人，而采取押宝的方式，押对了固然可以得势一时（但最终多会败下阵来），万一押错了，徒费心机而无所得，会悔恨不已。

既然喜欢被讨好和喜欢讨好人都缺乏实质利益，聪明的中国人当然不屑为之。

不以讨好的方式、不抱讨好的目的处事，却能够得到他人的欢迎、在他人心中拥有牢固的地位，这才是中国人人际关系的精髓所在。

要做到这一点，必须在圆满中解决问题。

知识很重要，但是知识之外，人际交往的技巧也很重要。如何既和谐，又圆满地解决问题？知识之外，还需要有一些艺术处理。

王先生来了，若主人李某在毫无准备的情况下随手倒了一杯白开水给他，不久后张总经理到来时，李某该何以自处？

中国人问"喝点什么东西"时，显然是在为随时应对情况变化埋伏笔。

就算只倒一杯白开水，也应该说："水还没有烧开，不方便泡茶，先来一杯凉白开，好吗？"即便将来情况有变化，也容易处理得多。

李某聪明，王先生也不含糊，什么都不明说，只回答"随便，随便"。

试想，若王先生说出"来一杯茶吧"或者"有咖啡吗"之类的话，可能有什么样的场面？

"随便"绝对不是含糊，而是"在和谐中找到合理"的行为的代名词。中国人如果真的随随便便，一定没有前途。

李某大声地问太太 XO 在哪里，不表现出讨好任何人的意图，才能够成功地化解尴尬。

因为如果存心讨好王先生，李某就会在给王先生选饮品时直接拿出 XO，日后张总经理造访时再买一瓶即可；如果存心讨好张总经理，李某就不会在张总经理进门时兜圈子，直接拿出 XO 即可。

鱿鱼丝和牛肉干出场时，王先生也没有不高兴，同样说明和谐的气氛有助于解决问题。

要 则

◎听见"随便"二字，要立刻提醒自己高度警觉，千万不能太随便，以免引起对方的不满，反过来害了自己。

◎和谐可以化解很多不必要的猜忌和怀疑。努力与他人保持和谐的关系，对妥善处理遇到的各种问题大有裨益。

◎追求和谐时，不要抱着讨好他人的目的，也不要掉入和稀泥的陷阱，必须用心体会双方的情绪、适时调整自己的行为，以求合理。

心 得

请写下您的阅读心得。

看开而非看破

个案

A公司主管岗位空缺，王甲、李乙、张丙都有意争取出任主管。

三人心里都有数：争得不激烈，显得不积极追求进步；争得太激烈，容易影响工作关系，若让决策者不高兴了，反而弄巧成拙。

论能力，三人差不多，可以说是难分高低。主管岗位只有一个，争来争去，结果都是一胜两败。

王甲、李乙、张丙都无意跳槽，用不着孤注一掷，因此，他们不约而同地采取了"不争之争"的策略——既然没有获胜的绝对把握，又不愿意争不到就离职，干脆用"不争"来"争"，看看结果如何。

不久后，李乙获得晋升，很高兴地走马上任。王甲、张丙落选，难免闷闷不乐。

总经理做事很得体，分别安慰王甲和张丙，说法均为"原本要升你为主管，不料公司内有一些流言，综合考虑，不得不临时调整"，希望他们"不要灰心"，并且承诺"只要好好工作，以后机会还有很多，公司一定不会忽视你们的功劳"。

面对总经理的安慰，王甲和张丙的反应不同——王甲微笑着表示："升不上去没关系，我会继续好好工作的，以后还请多多提拔。"张丙则很不服气，愤慨地说："升不上去没关系，我会继续好好工作。不过，平白遭受流言的伤害，我实在不甘心，希望能够彻查，以明是非！"

问题一：主管岗位空缺，通常有哪些原因？

问题二：如果您是总经理，经此一事，对王甲、张丙的印象如何？如果以后真的再有晋升的机会，会优先考虑王甲还是张丙？

问题三：如果您是李乙，获知自己晋升时，会给出什么样的反应？

问题四：如果您是王甲或张丙，获知自己失去了本次晋升机会时，会给出什么样的反应？

问题五：不争之争和据理力争，各有什么优缺点？

请把您的高见简要地写下来。

分 析

◈ **分析一**

主管岗位空缺的原因很多，归纳起来，不外乎以下 3 种情况。

第一种情况是原主管强势晋升。总经理非常赏识原主管，不仅让他晋升，还让他安排继任人选。在这种情况下，王甲、李乙、张丙根本用不着争，因为没有争的机会，全看平日和主管的配合情况，以及主管对他们的工作能力、工作特点的评判。

第二种情况是原主管弱势晋升。总经理安排原主管晋升后，询问他希望谁来继任，但是，只是对他的推荐加以了解，不一定真的晋升他推荐的人。在这种情况下，原主管可能根本就不会贸然推荐。

第三种情况是原主管离开导致主管岗位空缺。原主管离开包括原主管平调、离职、退休或因公死亡（公司新增主管岗位的情况类似于这种情况），在这种情况下，可能会出现针对空缺岗位的竞争。

❖ **分析二**

落选的人，当然不可能表现得恼羞成怒，除非他准备愤然离职。"升不上去没关系"多数时候被用作客气话，并不代表真正的想法，接下来说的话更可能发自内心，为自己的未来发展提供助力或制造阻力。

王甲微笑着表示："我会继续好好工作的，以后还请多多提拔。"这种"看得开"的态度，很可能为他的未来发展提供助力，因为总经理听后，会觉得他很善于领会自己的话意，也能够体谅自己的苦心，甚至会对他产生歉意，以后再有晋升的机会，他自然会优先考虑王甲。

张丙愤慨地说："我会继续好好工作。不过，平白遭受流言的伤害，我实在不甘心，希望能够彻查，以明是非。"听起来很有道理，是"不要让自己的权利睡着了"的表现，但是，总经理听后会觉得张丙根本未领会自己的话意，把自己苦心寻找的安慰他的借口当真了（如果张丙明知这是一个借口，依然提出彻查的要求，就是不体谅总经理的难处的做法，更不会得到总经理的青睐）。在这种情况下，总经理可能会口头答应张丙一定会查明此事，内心则觉得好笑，庆幸自己没有升错人，并暗中告诫自己：此君"看不开"，以后不要招惹他。

❖ **分析三**

作为李乙，获得晋升，应该抱持喜忧参半的心情——喜的是自己的能力获得了领导与同事的认可，忧的是此后的责任更加重大，更需要事事谨慎。注意，不能够得意忘形，若喜形于色，可能会惹得很多人不满。谨慎、谦虚、和气，这是获知晋升时较为得体的反应。

❖ **分析四**

未获晋升，不见得是坏事，若准备得不够充分，晋升后难以胜任，会徒增烦恼。未获晋升时，应该将关注点放在自我反省上，看看问题出在哪里，并冷静地自我改进，以待下一次晋升机会。给出类似于王甲的反应较为妥当，如分析二所述，会为自己的未来发展提供助力。

❖ **分析五**

据理力争，看起来勇敢、正义，其实是一种意气之争，暴露的是自己沉不住气的性格。不争之争是另一种争,一方面,能让人际关系更加和谐;另一方面,只做应该做的事,坚决不做不应该做的事,能展现自己的君子风度。用不争来争,不露竞争的痕迹,是十分高明的做法,结果并不重要,顺其自然比较好。

说 明

作为下属,最好找机会追随强势的主管——只要尽力而为,好好地配合工作,便可以"同登龙门"。被原主管安排继任是最理想的晋升途径,不需要经过激烈的竞争。

然而,强势的主管是可遇不可求的,若遇不到,一点儿办法也没有。同时,有利就有弊,强势的主管多半要求严格、一丝不苟,若在工作中给他留下不好的印象,很难随他获得好的发展。

遇到弱势的主管,下属很难得到强有力的支持,也很难在主管晋升的时候随之获得晋升的机会。

不过,在竞争激烈的环境中,我们能够更好地磨练自己,使自己更加机警、稳健。通过竞争获得晋升的机会,更值得自豪。

主管退休或平调,多半是可以预见的。在很多公司,高龄主管退休的时间是被很多人关注的,正值壮年的主管因专长、发展方向与原岗位不符而谋求平调也很容易被身边人察觉,面对这两种情况,有志者需要及早准备,届时瓜熟蒂落,自然成功。

因公死亡出缺,通常称为"死缺"。虽然相关岗位令人忐忑,但有志者还是会努力争取。

主管离职,接任的人是谁?此时,阴谋家最容易露出真面目。

至于公司新增的主管岗位,想得深一些,不难看出"先有人动脑筋,再增设岗位"的痕迹。

不管主管岗位因何空缺,在决定继任人选的关键时刻,免不了有一番竞争——不争之争可能很早就已经开始,最后关头,竞争会明显白热化,因为让总经理了解自己的意向,对自己加以考虑,才算真正达到不争之争的目的。

面对空缺的主管岗位，总经理可能会速战速决地公布继任人选，理由是夜长梦多，时间越长，问题越多，且主管岗位空得太久，难免耽误要事；也可能会采取拖延策略，理由是让大家都冷静一下，才不会闹情绪——就算处理不好相关情绪，至少在尽力处理。

两种选择都有道理。理由是人给出来的，自圆其说即可，重要的是最终决定终究要公布。竞争的人往往不止一位，公布最终决定时总是一家欢乐几家愁。

总经理公布最终决定后，一方面要对新任主管进行一番激励，让他好好表现；另一方面要对落选者示以安慰，并给出理由与希望，说来说去，离不开"原本要升你的""以后还有机会"这些话。

这些话本身并没有什么意义，主要是在测试哪些人看得开、哪些人看不开，仅此而已！

看开并非看破，看不开则必然看不破。我国的云门禅师说："日日是好日。"这是看得开的最好状态。若理想未能实现，不妨假想密布的乌云之上有一道阳光，让忧郁的心情变得明朗，这就是看得开。

孔子说："富贵于我如浮云！"他是真正的看得开。孔子并不是不在乎富与贵，他只是明白努力和成功没有绝对的因果关系，因此，他主张"尽人事，听天命"——希望我们尽力去追求，但不要把富与贵当成永久存在的东西。

有些人失败之后会成功，有些人则不然，这是什么原因？仔细观察，很容易发现，那些遭遇失败但不怨天尤人、乱发牢骚，会好好检讨自己、充实自己，并耐心等待下一次机会到来的人，更有可能在失败之后获得成功。而那些喜欢将失败归罪于他人，认为自己受了委屈、吃了大亏，并到处抱怨的人，就算等到了下一次机会，也很难把握住。

个案中，王甲看得开，知道在多人竞争的情况下，不可能人人成功，明白"原本要升你为主管"只是安慰的话，更了解"这次升不成，还有下一次"的道理，因此能够坦然地接受失败的事实，洒脱地表达"以后还请多多提拔"的愿望，开始下一阶段的努力。反观张丙，是看不开的典型：心中不服气，要求彻查真相。总经理可能承认自己编造了未晋升张丙的理由吗？会因为张丙要求彻查，便自找麻烦吗？他只会觉得好笑，并庆幸没有晋升张丙。

要 则

◎ "看破"不是好事,一旦看破了,便无所争,会失去努力的原动力。在生活中,看破会带来过分消极的生活态度。"看不开"也不是好事,看不开对应的往往是只许成功不许失败的心态,就算能偶尔获得成功,也很难维持这种良好的状态,因为生活中不可能没有挫折,看不开的人遇到挫折后,更难克服困难、恢复元气。

◎ "看开"不是"看破"。看破一切,即坚信一切都是假的,而看开对应的是虽然心里明白一切都是假的,但在未看破时,仍旧会把它们当作真的。

◎ 看不开的人,非常容易陷入苦恼的状态。人生不如意事十之八九,经常苦恼哪里受得了?看破的人,多以"不争"为处事原则,人人如此,社会难有进步。看开但不看破,乃不争之争的最佳境界。

心 得

请写下您的阅读心得。

圆通绝非圆滑

个 案

朱先生经营着一家小型工厂，主业为零件制造，交易对象既有外商，又有本国厂商。朱先生很喜欢开车，除了一辆国产车，还有一辆豪华的进口车，有趣的是，看朱先生开什么车去洽谈生意，就知道与朱先生洽谈生意的是本国厂商还是外商——跟本国厂商洽谈生意，朱先生一定不开那辆豪华的进口车，而跟外商洽谈生意，基本是那辆豪华的进口车出马。

为什么呢？理由很简单。朱先生发现，与他合作的本国厂商以家族企业为主，采购人员不是老板的亲戚，就是老板的亲信，看见他开豪华的进口车，很可能会联想到他会在合作中赚很多钱，进而提出延期付款等要求，甚至无底线地压价，让他焦头烂额。朱先生自认为是聪明人，意识到这一点后，便不再自找麻烦。反观外商，朱先生发现，外商聘用的采购人员多为职业经理人，习惯于公事公办，看到他有能力开豪华的进口车，会推断他的公司大概率不会在短时间内倒闭，进而更放心地和他打交道。

此外，在商务沟通的过程中，朱先生有一个原则：碰到银行界的朋友便大谈特谈自己的公司获利能力很强；遇见税务界的朋友则愁容满面地抱怨自己运气差，赚不到钱。

问题一：朱先生的处事态度是"圆滑"吗？
问题二：有人说，要"见人说人话，见鬼说鬼话"，真的有这种必要吗？
问题三：什么是真正的"圆通"？
问题四：处事不够圆通，可能造成什么后果？
问题五："圆滑"和"圆通"到底有什么区别？

请把您的高见简要地写下来。

分析

◈ 分析一

朱先生的处事态度是"圆滑"吗？可以说是，也可以说不是。

中国人最讨厌圆滑，任何人，只要给别人一种"滑头"的感觉，便会被贴上"狡猾"的标签，很难再被完全信任。常言道："看他滑头滑脑的样子，做事一定不牢靠。"

"处事千万不要太圆滑"，这是很多中国人互勉的话。很多人非常抵触推、拖、拉的处事方法，往往是因为他们只看得到"圆滑"，未看到"圆通"。"圆通"和"圆滑"，差之毫厘，谬以千里，彼此的境界和产生的观感相去何止十万八千里。

朱先生处事若只会在"是"和"否"之间进行抉择，面对豪华的进口车，便只会简单地选择"开"或"不开"。

朱先生若决定开豪华的进口车，并毫不避讳与他合作较多的以家族企业为主的本国厂商，万一真的导致合作难谈、价格难定，吃亏的难道不是他自己吗？为了避免自找麻烦，朱先生只好选择不开豪华的进口车，那么，他不仅要辛辛苦苦地经营事业，还要在某种程度上放弃个人的喜好。注意，开豪华的进口车并不是不良嗜好。

个案中，朱先生并未简单地在"是"和"否"之间进行抉择，他选择了两者兼顾，并灵活地安排自己开豪华的进口车见外商、开国产车见本国厂商。与其说朱先生这样做是"圆滑"，不如说他是懂得根据实际情况进行变通的"圆通"的人。

❖ 分析二

如果朱先生喜欢在遇见税务界的朋友时吹嘘自己的公司获利能力很强，请问大家会对他有怎样的看法？如果朱先生经常对银行界的朋友抱怨经营不顺，有朝一日想要贷款，能否顺利地贷出来？

我何尝不是如此说话？完成一场演讲后，若是西方朋友称赞我讲得很好，我会回答："谢谢你的欣赏。"若是日本朋友夸奖我，我会说："请多多指教。"若是中国朋友给予称赞，我必然说："哪里，哪里！"

有人会说，何必见人说人话，见鬼说鬼话？实话实说岂不更轻松？没有人反对这样处事，也没有人否定这种说法，但是，当事人为了强调某种立场、建立某种关系，稍微调整一下说话方法，这是无可非议的。

❖ 分析三

究竟什么是真正的"圆通"？我认为，圆通要求我们面对现实、负起责任，且不伤害面子。"面对现实"和"负起责任"是理性、科学的处事方式，"不伤害面子"则是感性、艺术的处事方式。圆通的精彩在于既非纯理性地处事，又非纯感性地处事，而是科学加艺术、理性加感性，非常难做到。

"不伤害面子"这一点，包括"不伤害自己的面子"及"不伤害别人的面子"，需要细心、耐心，并不断积累经验。在面面俱到的情况下把工作做好才是"圆满地完成任务"。"完成任务"不难，"圆满地完成任务"相当困难。

❖ 分析四

处事不够圆通，很容易伤害自己的面子。在我参加过的一场颁奖典礼上，有一位颁奖人在发言时骄傲地说得奖人是他的学生，而得奖人致感谢词时，并未提及这位颁奖人，这不是一件挺尴尬的事情吗？

处事不够圆通，也很容易伤害别人的面子。比如，总经理当着某部门主管的面大声苛责其部门的员工，必然会使该部门主管觉得颜面无光。

◇ 分析五

"圆滑"和"圆通"，表现在行为上，都是推、拖、拉，但两者的行为动机截然不同。凡是希望用合理的推、拖、拉的行为解决问题的，都为"圆通"，而那些行为动机不良，只想用推、拖、拉的行为推卸责任或拖延时间，根本不想解决问题的，都为"圆滑"。在结果方面，"圆滑"和"圆通"也截然不同：推、拖、拉的结果是解决了问题，或者成功地将大事化小、小事化了的，称为"圆通"；推、拖、拉的结果是问题依然存在，甚至更加严重的，称为"圆滑"。

说 明

如今，很多中国人对推、拖、拉有成见，认为只要是推、拖、拉的行为，都是不好的行为，以致处事不够圆通，为自己徒增很多行事阻力。

比如，我曾遇到一种情况——某人向我介绍自己的朋友的时候，直接说："这是我的学生××……"而被介绍的人似乎并不认为介绍人是他的老师，淡淡地补上了一句："我们现在在合作做一些事情……"请问是不是十分尴尬？在无法确定别人是否愿意认自己为老师的情况下，怎么能够如此介绍呢？

如果介绍人这样介绍："这是我的朋友××。"而被介绍的人听后紧接着说："王教授（介绍人）是我的老师！"是不是就能避免尴尬？具有"允许人家认自己为老师，但不要自己认为自己是人家的老师"的意识，处事会圆通得多。

再如，总经理发现某员工有错时，当着该员工的主管责骂该员工，虽然被责骂的对象不是主管，但"主管没有管理好"的意思是显而易见的，主管会很没有面子。如果总经理处事圆通，针对问题点到为止，而后离开现场，让主管教训他的下属，也许会收到更好的效果。

整体而言，人是慢慢成长的，圆通的境界并非那么容易达到。能力一般的人，处于"看山是山，看水是水"的第一阶段，几乎没有选择的余地；能力超群的人，处于"看山还是山，看水还是水"的第三阶段，随自己的心意处事，根本不必有所顾虑；个案中的朱先生小有成绩，但还不到能力超群的地步，处于第二阶段，即"看山不是山，看水不是水"。处在不上不下的尴尬位置上时，尤其需要圆通地处事，否则难免苦恼万分。

要 则

◎ 将心比心是圆通的先决条件——多用欣赏的眼光看待他人的圆通，能够更加积极地学习他人的经验，快速成长；常带着厌恶的心情敌视他人的圆通或圆滑，不仅容易让自己陷入生闷气的怪圈，还很可能不断失去学习他人宝贵经验的机会。

◎ 圆通绝非圆滑。圆滑的人，容易激起大家的厌恶，自毁前程。生活中，虽然很难达到圆通的境界，但大家不可轻易放弃努力。换句话说，想要拥有圆通的能力，必须有强大的心理，不因怕别人不理解而放弃努力。

◎ 遇事不要完全排斥或放弃推、拖、拉，以免误将圆通当作圆滑，但也不能遇事便推、拖、拉，以免一不小心成为令人厌恶的圆滑之人。总之，遇事要充分考虑怎么做才合理，慢慢达到圆通的境界。

心 得

请写下您的阅读心得。

尊重而不盲从

个 案

我经常问总经理们这样一个问题:"如果不管您讲什么,下属都百依百顺,您觉得怎么样?"

几乎没有例外,他们会频频摇头:"不好,这样不好。"追问原因,答案基本相同:"我迟早会被这些下属害死!"

后来,我换了一个角度,请教总经理们:"如果不管您讲什么,下属都有意见,您觉得怎么样?"

面对这个问题,他们往往会立刻表示:"那怎么行?存心捣乱还得了!"

问题一:总经理们为什么不喜欢百依百顺的下属?

问题二:中国人是不是真的普遍喜欢听话的下属?

问题三:总经理们为什么不喜欢总是有意见的下属?

问题四:总经理们最重视什么样的下属?

问题五:下属最好有什么样的具体行为,才能更好地满足总经理们的要求?

请把您的高见简要地写下来。

分 析

◆ 分析一

总经理们大多明白，自己并不是万能的神仙，无法确保所有的决策都是正确的。而且，依中国人的看法，就算是神仙，也难免有失误的时候。因此，下属百依百顺，对总经理们来说是危险万分的事情——若无论什么决策，只要总经理们开口，下属便不动脑筋地赞成，决策正确还好，上下一心、步调一致，更可能成功；决策错误则大事不妙，盲目执行可能造成无法弥补的损失。

◆ 分析二

中国人普遍喜欢听话的下属，但是所谓"听话的下属"，最好满足以下3个条件。

第一，如果有意见，不可以当着旁人的面直接说，以免让领导难堪。

第二，如果没有意见，最好主动想想怎样才能做得更好，而不是百依百顺、毫无思考能力，做得不理想也不主动调整。

第三，接受了任务，要用心做好，如果在执行过程中遇到了困难，要及时报告，并提出克服困难、解决问题的方法。

◆ 分析三

总经理们心中有数——就算自己做不到所有决策都正确，也不可能所有决策都错误。下属总是有意见，明显是存心不合作。这样的下属，自然难以得到总经理们的喜欢。

作为下属，完全听话，不好；完全不听话，也不好；找到"听话"和"不听话"之间的平衡点，合乎"中庸"的要求，最好。

具体而言，总经理们不喜欢总是有意见的下属。传说唐朝时，唐明皇曾忍耐不住，大声指责高力士："每一件事都依你，朕还当什么皇帝？"下属经常有意见，就算是真的高明，也会让上司因没有面子而不高兴。不过，与此同时，总经理们也不喜欢凡事都说"好"的下属，特别是那些还没听清楚要求就急着说"好"的下属，所谓"轻诺寡信"，说的就是这类下属。

❖ 分析四

总经理们最重视的下属,是应该听话的时候听话、不应该听话的时候不听话的下属,即能做到"听话听得合理"的下属。具体而言,有旁人在场时,下属应该足够听话,尽量不提不同的意见,但是,私底下,下属可以不听话,委婉地陈述自己的看法,提出困难、疑问,请求总经理协助解决。

作为下属,面对总经理给出的正确的决策,当然要听,不能存心捣乱,而面对总经理给出的考虑不周或不切实际的错误的决策,不应该盲目执行,以免造成恶果。

作为下属,做到"有所听,有所不听",才能真正得到重视、信任与赏识。"有所听"是表象,"有所不听"才是根本,正所谓"本立而道生",我们应该切实把握"有所不听",而不是过于关注"有所听"。

过于关注"有所听",很容易踏上唯唯诺诺的歧途,难以在意识到不合理的时候敢于"有所不听";切实把握"有所不听",才能做到冷静地听,认真地思考、判断,在应该说话的时候说话,在不应该说话的时候不说话。

❖ 分析五

作为下属,必须在切实把握"有所不听"的基础上"有所听",才能逐步做到"听得恰到好处"。

落在具体行为上,至少应该做到以下 3 点。

第一,注意聆听上司的指示,一边听,一边思考,最好能够同步判断上司的指示是否合法、合理,执行时是否会遇到阻力、困难。

第二,如果上司的指示合法、合理、可执行,要给予积极的回应;如果有没听明白的指示,可以适时提出、及时请示。

第三,如果上司的指示不合法、不合理、难以执行,不可盲目地说"好"。不过,最好不要不分场合地立刻阐述自己的观点、当场提出异议,让上司没有面子。可以在有旁人在场时不搭腔、保持沉默,私下与上司沟通。

第一种行为的重点在于"一边听,一边思考",尽量避免不紧不慢地听完再思考,因为听完再思考的状态与第三种行为中的"不搭腔、保持沉默"很像,很容易引起上司的误解，让上司误以为下属有不同的意见。一边听，一边思考，才能很快地给出反应，选择第二种行为或第三种行为明确自己的态度。

第二种行为对应的是"听话"的态度，既容易表现，又容易被上司感知，不致产生误解，此处不再赘言。

第三种行为对应的是"有所不听"的态度——下属听完指示之后居然保持沉默，在无须默认的情况下，这当然不是"听话"的意思，而是"有话要讲"的意思。下属有话为什么不直接讲出来？为什么要保持沉默？这正是中国人的沟通艺术。上司和下属彼此有些了解，才不至于在沟通的过程中有所误会。

说　明

作为下属，在与上司有不同意见时不分场合地进行表达，上司能心情愉快地接受吗？就算看起来宽宏大量地笑着接受了下属的意见，内心会是何种感受？无论上司的态度如何，作为下属，不分场合地提出异议，既是对上司的不敬，又是对自己的伤害，实为下策。

作为下属，在有异议的时候不立刻反驳上司，是对上司的尊重。下属听毕指示，沉默不语，即在发送信号："我有不同的意见，你让不让我说？如果不让我说，我便不说。"既客气，又合乎自己的身份。

上司接收到这种信号后，如果不想让下属发表异议，很可能会直接说："我看就这么办好了！"这时，下属当然以不再发表自己的意见为宜。不过，很少有上司会直接这样说，因为有异议的下属是不是真的会全力执行，谁都说不好。

绝大部分上司在察觉下属有异议时，会再次对自己的指示进行详细的解说，或者询问下属："你有什么意见？"听到这样的问话后，下属便不用客气，可以表达自己的意见了，注意，语气要委婉。当然，下属也可以选择不当场陈述自己的想法，以免伤害到在场的其他同事，或者让上司没有面子。若有难言之隐，下属可以表现出自己的为难，让上司知道他有意见，但此时此地不便直说，暗示上司另外安排时间、地点让他畅所欲言。

并不是所有下属都能得到上司的关注，下属发出信号后，如何处理应由上司决断——对于一向表现良好、值得信赖的下属，上司会倍加尊重，耐心地听取对方的意见，甚至愿意私下安排合适的时间和地点，单独和对方沟通；对于偶有卓见的下属，上司可能会提供一些机会，让对方得以无顾虑地表达；对于经常草率地、不负责任地提意见的下属，上司则多半会以忙碌为理由，委婉地拒绝听取对方的意见，以免浪费时间。

总之，用沉默不语来表明自己有话要说的态度，给予上司足够的尊重，是下属应该具备的修养；而关注下属的态度，在获知对方有话要说的时候合理地给其表达的空间，是上司应该给予下属的尊重。这种互相尊重的互动，是上司与下属之间的合理互动。

要　则

◎ 作为下属，要善于反思——为什么上司不愿意听我提意见？是不是因为我过去提的意见并无实质作用？是不是因为我过去提意见的态度或方法不太好？只有善于反思，不断提高自己的能力，才能越来越受到上司的重视。

◎ 作为管理者，与其责怪下属有意见但不表达，不如多进行自我反省：是不是我平日过于严厉，让他们觉得害怕，不敢与我沟通？是不是我过去常在无意中打断他们，让他们觉得我对他们不够尊重，不愿意与我沟通？改变态度，才能优化沟通关系。

◎ 不要误信"中国人喜欢'乖乖牌'，越听话，越有前途"的传言，事实上，管理者重视的是能"有所听，有所不听"地合理接受指示的下属。作为下属，不应该故意听话或故意不听话，而应该时刻提醒自己，要合理地接受指示、提出意见。唯有如此，才能听得恰到好处，成为最受管理者尊重、重视的下属。

心 得

请写下您的阅读心得。

第二章 工作的原则

导　言

中国人的工作原则，可以总结为"流汗不流血""做事不坐牢""卖力不卖命"，以及"争气不争功"。

流汗不流血——流汗是应该的：流汗是对健康有助益的事，何乐而不为？流血则大可不必，因为流血不是好事情。除了在工作过程中因粗心、意外而流血，如今，在中国台湾，居然还会出现暴力流血事件，实在有些讽刺。

为了争取更多的权益，有时会流血。需要注意的是，"勇敢"和"愚昧"的行为是没有明确的、恒定的界线的。使用合理的方法，和谐地争取权益，是明智的举动；盲目地抗争，直至流血的地步，是万不得已的选择，能避免应尽量避免。

现代化工作，不太需要流汗。在工作之余，应该有适量的运动，以求身心健康。情绪平稳、身心健康，是有助于避免流血的。

做事不坐牢——有些西方人认为中国人不守法，其实毫无根据。"守法"在一定程度上等于"守规矩"，乃中国人做事的基本原则。中国人推崇"守规矩但不死守规矩"，即在规矩允许的范围内随机应变——可以"随机应变"，不可以"投机取巧"。事情是要做的，牢狱是不能坐的，这对中国人来说很重要。

中国人不喜欢完全听话的人，因此，"合理的听话"是"做事不坐牢"的最大保障。上司的命令，合理的可听，不合理的则不听。换句话说，合规矩的事，全力去做，不合规矩的事，坚决不做。

不坐牢，对应的底线是不违法。

卖力不卖命——我写的相关文章在某杂志上刊载后，好几家公司将其影印出来在公司内分发，要求员工传阅。卖力不卖命的原则，为绝大多数中国人所接受。中国人喜欢劝人卖力，相关的道理很多，且接受度很高，相对而言，劝人卖命的不多，因为程度太重，劝得越多，自己积的罪孽越重。换句话说，中国人做事会尽心尽力，同时用心保命。俗话说"留得青山在，不怕没柴烧"，实在不无道理。

说起卖力和卖命，是否卖了力多由他人评判，不卖力得不到他人的认可，很难成功；卖不卖命则由自己决定，很少有人会为了所谓的成功而真的卖命。

争气不争功——中国人深明"好事不出门，坏事传千里""功劳很快就会被遗忘，而过失常被牢牢记住"的道理，这种"功没、过存"的情况，使中国人多追求"不求有功，但求无过"，进而有"争气不争功"的行为特点。

争气不争功中，争气是力求减少过失，不争功则是不过分期待获得功劳。可以说，人必须争气，因为争到一口气，才能扬眉吐气；人不必争功，因为争来争去，到头来很可能是一场空。

流汗不流血

个案

某年正月初五的清晨六时,某公司的王总经理虔诚地组织员工一同祈福,祈求新的一年开工大吉、事事顺心。

没想到,祈福后的第二天,一个作业员就在忙碌时摔了一跤,而旁边的同事们见状不但没有去扶他,还幸灾乐祸地哈哈大笑,一时间,"倒霉""活该""谁让你不小心"等风言风语此起彼伏。更夸张的是,两天之后,又有一个作业员在同样的位置摔倒,这一次,该作业员手里抱着的一堆物料在他摔倒时被抛了出去,迎面而来的领班不慎被物料打得眼角出血,严重到即刻送医。

问题一:王总经理为什么要在新年开工前组织员工一同祈福?

问题二:作业员摔跤后,为什么旁边的同事们不但没有去扶他,还幸灾乐祸地哈哈大笑?

问题三:怎样才能做到流汗不流血?

问题四:为什么工厂的伤害常现率这一数据十分重要?

问题五:工作中的流血原因主要有哪些?

请把您的高见简要地写下来。

分析

❖ 分析一

工作中，打断正常工作节奏的现象被统称为"事故"，可以分成伤害事故和非伤害事故两大类。对伤害事故进行细分，可以列举撞击、坠落、跌倒、卷入、呼吸中毒、扭伤、碰伤、触电、灼伤、烫伤等很多事故种类，伤害事故都可能引发流血，甚至致命。

中国人十分清楚"天有不测风云，人有旦夕祸福"的道理，深知一切都是"不一定"的，所有事情都有风险，因此一向有祈福、祭拜的传统。

王总经理在新年开工前组织员工一同祈福，是为了满足员工"求安"的心理需要。至于为什么祈福后的第二天工厂里就出现事故？并非因为神不保佑，而是因为工厂的安保措施不到位。

❖ 分析二

作业员摔跤后，为什么旁边的同事们不但没有去扶他，还幸灾乐祸地哈哈大笑？难道一向最有人情味、最重视良心的中国人变了？变得丝毫没有人情味、没有良心了？

显然不是。旁边的同事们的态度和有无人情味、有无良心无关，大家笑话的是摔跤作业员的"不小心"。

面对同一件事，中国人和西方人的探究方向截然不同。

西方人习惯向外探究，比如，遇到有人摔跤，立刻追问："他为什么会摔跤？是因为地面凹凸不平吗？还是因为地面有油、有障碍物？为什么会发生这种事？"这种精神，是追根究底的科学精神。

中国人则不然，习惯向内探究。面对有人摔跤这一事故，我们的第一反应通常是问："为什么这么不小心？"似乎一个人只要处处小心、时时谨慎，就不会发生事故。这种反求诸己的精神，是自己为自己的行为负责的修己精神。

类似的例子还有很多，比如，金融机构会在办事大厅里挂上横幅，红底白字地写着"钱财露白，危险就来"，十分醒目，因为我们知道坏人很多，抓是抓不完的，必须自行当心，以求自保；又如，家中的小孩与伙伴打架，打得伤痕累累，家长为他疗伤止痛后，总是会嘲笑他："既然打不过人家，就不要打，弄得自己伤痕累累，好看吗？"这是在告诫小孩，打不过人家，就从自己做起，想办法不要打架。

向外探究，目的在于改善不安全的环境、修正不妥当的动作；向内探究，目的在于修治自己的粗心大意与心浮气躁。

◇ **分析三**

想做到流汗不流血，最好内外兼顾、双管齐下。

所谓"流汗"，并不是要真的流出汗来。空调等现代电器的普及，让我们用不着真的流汗，就可以做很多事情，并把事情做得很好。现在，"流汗"已经成为"努力工作"的代名词，指大家努力工作到过去汗流浃背的程度。

"流血"比较可怕，在工作中流血，表示在工作中受了伤。不管是可以在24个小时内恢复工作的轻伤事故，还是无法在24个小时内恢复工作的重伤事故，都不是我们愿意遇到的。

想做到流汗不流血，我们一方面要善于反求诸己，在工作中小心一些，不要遇到事故；另一方面要善于探究、总结发生事故的原因，及时解决相关问题，防止再度发生同样的事故。

以个案为例，如果在祈福后第二天的摔跤事故发生时查明导致作业员摔跤的原因是地面有油，并进一步明确有油的地面是不安全环境、将油洒在地面却不及时擦拭是不安全行为，要求相关责任人把地面擦净，同时将"取用油的过程中，如果有意外倾洒，必须立刻擦拭干净"列入安全工作规范，两天后的流血事故很可能就不会发生了。

◇ **分析四**

负责工厂安全评估的人走进工厂时，第一句话往往会问："贵厂的伤害常现率是多少？"如果工厂的主管答不出来或者含糊其词地不愿意说具体数字，可以断定这位主管不是不负责任，就是不称职。

伤害常现率反映的是工厂发生事故的次数，如果某工厂的伤害常现率能够逐月、逐年降低，说明该工厂的安全状况切实得到了改善，因为事故不会自己减少，其后一定有工厂员工的努力。伤害常现率降低，就是工厂改善其安全状况的结果。

◈ 分析五

流血的原因，有环境方面的，比如，工作场地、机器设备、生产物料是否足够安全；再如，工作环境是否足够整洁。环境方面的问题比较容易整改、消除。

除了环境方面的原因，流血的原因还有更为棘手的工厂暴力、街头暴力。

工厂暴力来自厂内若干心怀不满的员工，他们通常会用较激烈的行为抗议某些不公平的待遇，或争取某些他们认为自己应得的权益。少数人的行动很难引起厂方的重视，因此，部分心怀不满的员工会威胁、利诱、动员同事参与他们的行动。面对这种威胁、利诱、动员，会有"赞成"和"反对"两种态度，赞成的人越多，行动越激进，到达一定程度，难免出现流汗又流血的场面。在厂内闹大了，走上街头企图获得更多的同情和助力，便由工厂暴力演化为街头暴力。

类似的问题很棘手，且不可坐视不管，否则事态很可能发展到厂方无法控制的地步。

说 明

我们不反对"有话要说，有权益要争取"，但是建议遵循"流汗不流血"的原则发表意见、争取权益，因为任何暴力行为、可能引起流血的行动都不是大家乐意看到的。一边要求重视环境保护、工厂安全，一边有意无意地任由自己被卷入有可能流血的抗争，是不明智的举动。有意见，当然可以反映，也应该反映，但是需要注意，所采取的方式和态度必须合乎情理。所谓"有理走遍天下"，理直便可以气壮，但不应该，也没必要壮到动武的地步。

举个例子，面对同等标准的年终奖，有的人表示满意、有的人认为差强人意，还有的人认为难以接受。于是，认为难以接受的人会极力劝说那些认为差强人意但不主动表示不满的同事，希望大家一起要求工厂增发奖金。面对劝说，有人同意加入，也有人表示反对。有了态度的区别后，同意加入争取增发奖金的行列的人，争取的意愿会越来越强烈，而那些对相关行为表示反对的人，很有可能被责骂。

原本关系不错的同事有了"不两立"的意识后，便很难和谐相处。而且，中国人大多不争则已，一争起来便绝不轻易退让，"不是你死，便是我亡"的紧张气氛会越来越浓烈。在争取增发奖金的方式上，受逐渐紧张的气氛的影响，激进的人很可能越来越不择手段，直至只要有一点儿激烈的诱因，就会出现流血的局面。

更可怕的是，如果年终奖分配问题得到合理的解决，同事之间的意见纠纷就会消失吗？很可能全然不是这样，彼此间的不愉快会久久难消。

中国人喜欢说"时过境迁"，即事情过去了就让它彻底过去，不需要再提。但与此同时，中国人也喜欢说"前事不忘，后事之师"，即一定要记住曾遇到的问题，吸取教训，以免未来重蹈覆辙。

让中国人忘掉别人的旧事很容易，但让中国人忘掉自己的往事相当困难。

在争取增发奖金的过程中有功的人难免沾沾自喜，觉得自己为自己、为同事争取到了更多的权益，而反对争取增发奖金的激进行为的人内心难免不平衡：自己是为工厂的集体利益着想，不仅未得到好评，还被很多同事责骂，凭什么？表面上，争议逐渐平息，实际上，对士气不可能没有负面影响。

因此，奉劝喜欢"流汗又流血"的朋友："汗是可以流的，对健康有益，血则是不必流的，毕竟，上班并不需要献血。大家应该循着合理的途径，求取圆满的沟通，记住，流血不是好事情。"

要 则

◎ 生活中，大家常将自己辛苦赚到的钱称为"血汗钱"。"血汗钱"是最让人踏实的钱，因为唯有这种钱值得赚、守得住。来路不明的钱，不仅守不住，还常害人害己。

◎ 流汗不流血应该成为努力工作的目标，即在保证安全、健康的情况下努力工作。

◎ 流汗不流血应该成为安全工作的原则。工作场所，安全第一，有这种共识，大家才能工作得安心、踏实。

心 得

请写下您的阅读心得。

做事不坐牢

个 案

某银行涉巨款冒领案，总经理和承办人员都被判入牢。对此，承办人员很不服气，辩驳称："虽然我做了这件事，但做这件事是违背我本意的。我并不想这样做，是总经理指使我这样做的，就算我有罪，也只是罪在服从。"

法庭并未接受他的辩驳，理由是"如果你坚持不做，难道总经理会控制着你的手去做？"

问题一：作为下属，面对上司，可以不服从吗？

问题二：作为下属，面对上司，应该完全服从吗？

问题三：作为下属，如果被上司要求做违法的事情，应该怎样应对？

问题四：作为下属，面对个案中的情况，是否应该据理力争，努力让上司明白不能违法的道理？

问题五：有人说，"服从为负责之本"，我们应该如何理解这句话？

请把您的高见简要地写下来。

分析

◈ 分析一

作为下属，面对上司，可以不服从吗？答案是"很难讲"。

张三不服从上司的命令，把事情做得一团糟，上司很生气，讥讽道："你自以为聪明、比我强，结果呢？强在哪里？如果按我的安排去做，会做得这么糟糕吗？"

张三不服气，心想："如果按你的安排去做，真的不会做得这么糟糕吗？"但是，事实摆在眼前，他的任务完成得实在不好，什么话都不敢说。

李四服从上司的命令，一丝不苟地完成了工作，但结果并不理想，上司很生气，责骂他死脑筋："为什么遇到问题后不及时提出来？只知道蛮干，是不是存心害我？"

李四很委屈，心想："你不是最重视服从的吗？如今我一丝不苟地完成了工作，也要挨骂？"不过，结果不理想，他无从申诉，因为没有人听得进去。

从这个角度看，中国人是以结果为导向的，正所谓"成者为王，败者为寇"。

王五不服从上司的命令，自己做主，把事情做得十分漂亮。对此，上司很不高兴，认为王五不尊重他，眼中没有他，因此向多方表示不满，称"如果按我的安排去做，结果会更好。他的想法不够成熟，做到这种程度就觉得很满意，实在需要继续磨练。"

朱七同样不服从上司的命令，他一边琢磨，一边汇报，最终很好地完成了工作。对此，上司非常高兴，认为朱七懂得守经达权、适时调整，能够做到契合时宜地工作，并主动向各方赞扬朱七："朱七能够在遵循我交代给他的原则的基础上随机应变，是非常优秀的。这种'以不变应万变'的做事方法是他成功的真正原因，大家要向他学习。"

很多人认为王五的运气差，遇到了不明事理的上司，而朱七的运气好，遇到的上司非常明事理，两位上司的价值观不一样、性格和处事方法有差异，才导致王五和朱七在同样不服从命令的情况下获得了完全不同的评价。其实，关键不在于此。假设我们把王五和朱七的上司对调，王五的上司很可能会同样真心地称赞朱七有极强的应变能力，而朱七的上司大概率会同样反感王五不服从命令的行为。

为什么呢？因为王五"自己做主"的行为极易让他的上司产生"你眼中没有我"的反感情绪，在这种情绪的影响下，他的上司必然不愿意肯定他的成绩，而朱七"一边琢磨，一边汇报"的行为，让上司认为他不是不服从，而是在为了求取良好的效果、圆满地完成任务，尽心尽力地调整执行方法，有这样的观感，作为上司，还有什么不满意的呢？

从这个角度看，中国人是重视过程的，正所谓"不以胜败论英雄"。

◈ 分析二

完全服从，又称盲从，即盲目按上司的命令行事。完全服从上司的人，多有如下3个特点。

第一，不用心，一切唯命是从。这样做事的人，不管做多少事，都不可能有进步。

第二，不负责任，万事按上司的命令行动，让上司负全责，甚至在上司没有下达命令的时候，也会以请示的方式将责任推给上司。

第三，存心讨好上司，用完全服从来博取上司的"重视"。若上司的决策正确率不高，重用这种人会害了自己。

由此可见，作为下属，若想不断进步，成为能负责任、真正被重视的人才，不应该在面对上司的时候追求"完全服从"。

◈ 分析三

被上司要求做违法的事情时，遵循"做事不坐牢"的原则，下属应该坚决拒绝。需要注意的是，在拒绝的过程中，下属应该有意识地遵循另一个原则，即"不做，也不说"。

"不做"比较容易理解——违法的事情，不做绝对是正确的。

相对而言，"不说"不太容易理解。为什么不能说呢？有如下3个原因。

第一，上司要求下属做违法的事情，可能有两种情况：一种是有意为之，即上司明知做这件事情是违法的，依然要求下属去做；另一种是无心之过，即上司有所疏忽，未意识到自己要求下属做的事情中有违法的细节，并非故意要求下属做违法的事情。

如果上司是有意的，下属在并无实际行动时点明此事违法，上司完全可以推说自己不知情，表面称赞下属机警，内心痛恨下属"不识相"，从此处处为下属的发展设置障碍。

如果上司是无心的，有可能更加糟糕，因为上司可以理直气壮地告诉大家，他要求下属做的事情是没问题的，下属抓住一个敏感点加以发挥，一口咬定他交办违法的事情，不知是何居心。如果真的如此，事件中的下属背上"有意栽赃"的黑锅后，如何自处？

第二，法令并非绝无变更的可能，下属认为上司交办的事情是违法的，贸然说出来后被上司告知法令有所变更，岂不尴尬？

世界上的"不知"很多，"不知"不等于"无知"，有时，只是知道得迟了一些。因某一时段的"不知"冒犯上司，值得吗？

第三，不管上司要求下属做违法的事情这一行为是有意的，还是无心的，下属点明事情违法的瞬间，便已和上司进入对立状态，日后做事势必困难重重。

那么，作为下属，选择不做也不说后，被上司追问"那件事情做得怎么样了？"时，应该怎么回答呢？

可以回答："我找过法令依据，一直没有找到。"

如果上司能够拿出法令依据，下属便可以立刻去做此事。

如果上司拿不出法令依据，转而交代："找不到法令依据就不要做这件事了。"下属便能判断上司是无心的，此事就算过去了。

如果上司拿不出法令依据，但坚持要求下属赶快执行命令，下属便可坚决拒绝。因为此时双方都知道此事违法，且都能判断出对方知道此事违法，想必上司被拒绝了也不敢把事情闹大。

◆ **分析四**

有人说，现在是良禽择木而栖的时代，作为下属，可以与上司平等沟通，也可以自己选择正派的上司。

作为下属，确实可以五指并拢，手心向下，拍在桌面上，说一句"我不干了！"，但是，偶尔为之可以，岂能经常如此？

良禽择木而栖的先决条件是有木可择，且自己有本事换木而栖。若根本没有选择的机会，还是按照分析三所述的方式应对相关情况比较妥当。

至于据理力争，需要注意的是，将一切说明白之前，最好想一想自己的判断是否正确，以及自己的能力能否支撑自己的判断。若基本认识都不见得正确，如何据理力争？

◈ 分析五

"服从为负责之本"的意思是"作为下属，应该主动承担责任，努力实现工作目标，取得合乎要求的工作成果"。服从到什么程度合适？必须参考这句话的本意，可以理解为"不能盲目顺从，也不能存心不服从"。

说 明

人不会不重视结局，因为"盖棺论定"，中国人最害怕"晚节不保"。换句话说，中国人最害怕被不好的结局掩盖以往良好的表现。但是，人不可以仅重视结局，因为所有人的结局都是死，而真正的人生是起伏变化的过程。

中国人是了解人生、重视人生的，因此，对过程与结果有类似的关注。个案中，承办人员因违法而坐牢，结局令人唏嘘，如果重来一次，他不服从总经理的命令，会如何？我们模拟、研究一番。

承办人员对总经理说："这一领款行为不合法，我不敢做这件事。"

总经理说："你怕什么？一切后果由我负责，你不用怕！"

承办人员坚持道："这种违法的事情，我不愿意做。"

总经理说："哪里违法？我会让你做违法的事情？这是变通行事，绝对不违法。资金转来转去，没有人看得出来，你放心好了！"

……

我们强调"做事不坐牢"，但有时会为了"不坐牢"而"丢饭碗"，个中滋味是局外人难以体会的。

针对个案中的情况，承办人员最好转变思路，站在不服从的立场上尝试服从，即"不一定服从，也不一定不服从"，做到"有所服从，也有所不服从"，努力服从到合理的程度，效果或许更好。

站在不服从的立场上尝试服从，才不至于盲目服从。注意，服从与否是自己内心的事情，用不着表现出来，以免因为不愿服从引起上司的不满，对自己不利。面对上司的命令，最好先给予正面反馈，再仔细思量自己应该服从到什么程度，分析三所述的应对方式或许能给大家一些启发。

要 则

◎ 在工作中，服从正确的命令是可以的，也是应该的，但作为下属，应该明确服从命令的原则：不能违法。

◎ 面对上司的命令，作为下属，必须学会辨别与衡量，明确自己可以服从到什么程度。服从命令应该以能否把事情做好为标准，而非以讨好上司为目标。

◎ 因确有违法行为而入牢是自作自受的恶果，虽然可能确实不是出于自愿，但是为自己的最终选择承担责任是合情合理的。

心 得

请写下您的阅读心得。

卖力不卖命

个案

某公司派 5 名员工外出参加不同的培训,并在受训员工回公司后组织大家听取他们的受训心得。

王君参加的是时间管理相关培训,分享时,开场便说:"工作时间不等于上班时间,因为有些人上班时间不工作,'摸鱼'到下班。我们应该对上班时间的 8 个小时进行合理、有效的分配,提高每一分钟的效能!"根据该分享结束后大家的交谈和抱怨可知,王君后面说的话,大家都没有听进去,所有的情绪都集中在开场的这两句话上,大家普遍觉得既好气,又好笑,毫无兴趣听王君侃侃而谈。

李君参加的是良好的工作态度相关培训,分享的主题是"任何人加入公司,都应该不断提高自己的能力,有能干、肯拼的良好的工作态度"。能干、肯拼这两个词,很快成为大家讨论的焦点,争议不断。

焦君参加的培训以对中国人民族性的分析为主要内容,他年纪较大,所以有一定的分享技巧,先说明"培训师是这样说的,但我不完全认同",再分享具体内容:"中国人特别重视情感,无论在什么情况下,总是把'情'字摆在首位,所以你对他动之以情,他就会为知己者死。"听完焦君的分享,大家反应不大,似乎纷纷在心里嘀咕——"我本来就是中国人,用得着你来分析?""要分析,就应该分析出一些名堂来,这些特点我都知道,哪里需要花时间听讲"……

刘君是产品管理负责人,他参加的培训和产品管理有关,强调与其消极地降低不良率,不如积极地确保零不良率,因为再怎么降低不良率也不是高度负责任的行为——不良率再低,对买到不良品的顾客来说,仍然是 100% 的不良。刘君讲得非常认真,听的人却没有太大的支持反应,达到零不良率,这个要求是不是过高?

龚君转述了一则个案:"总经理到处拿订单,要求大家努力增产——每人每天增产 5%。没想到,员工们一努力,做到了连续几天每天增产 10%!本来是好事一桩,没想到总经理生气了,公开抱怨大家过去太偷懒了!"

5名员工分享的主题各不相同,但是分享的重点都是中国人"卖力不卖命"的工作原则——让员工卖力可以,让员工卖命,免谈!

问题一:为什么大家听不进去王君的分享?
问题二:李君的分享中的能干、肯拼有什么问题吗?
问题三:焦君的说明行为,为什么是值得学习的分享技巧?
问题四:刘君倡导的零不良率能不能顺利落地?
问题五:龚君转述的个案主要传达了什么信息?

请把您的高见简要地写下来。

分析

◆ 分析一

王君提及"我们应该对上班时间的8个小时进行合理、有效的分配,提高每一分钟的效能",这很容易引起大家的反感:整整8个小时,提高每一分钟的效能,需要这样卖命吗？

中国人喜欢忙里偷闲，偶尔放松一下，才能有更好的状态。如果每天都从早紧张到晚，整整8个小时，每一分钟都被紧盯，怎能活得长久？这样的工作，大概谁都不愿意做。

其实，每天工作8个小时以上的中国人并不少，且不乏工作中每分每秒都相当紧张的情况，照样有人愿意做相关工作。由此可见，中国人的心理状态对其行为影响很大，不明着要求他卖力工作，他往往并不觉得自己在卖命工作，但如果严格地划分时间，将工作安排得满满当当，大家只是听到相关信息便已经相当疲惫，可以说是"未做先厌倦"。

如果换一种说法，将同样标准的时间管理解读为"努力既高质量地完成产品生产，又减少工作时间的浪费，省时、省力地做多、做好，以便有更多的时间用于忙中偷闲，确保健康、延长寿命"，相信更能打动中国人，让大家不仅聚精会神地聆听，而且用心实践。

◈ **分析二**

李君在分享中要求大家能干、肯拼，严重地伤害了同事们的工作热情。是否能干，对中国人而言，答案大多是"天晓得"——上司不给机会，再能干也表现不出来；上司肯给机会，再不能干也可能久练成"精"，越来越能干。是否肯拼，关键不在于怎么说，口中说着肯拼，未必真的肯拼，何况，拼不拼取决于自己，不应该由别人来倡导。

中国人不喜欢说"能干"，喜欢说"肯干"，因为这才是高明的说法。很多总经理常说："是否能干，短期内实在看不出来，肯干更重要，只要肯干，世上无难事。"听得员工个个斗志高昂，摩拳擦掌地准备好好表现自己的肯干，以获得总经理的赏识。

高明的总经理，或许会在心里衡量员工是否能干，但绝不会说出来，免得某些人没有面子；同时，或许会在心里期待员工肯拼，但实际上会一直规劝员工不要太拼，以免伤害身体。这不是口是心非的表现，因为缺乏诚意的口是心非叫作奸诈，而非高明。用诚恳的态度，希望员工既有肯干的热忱，又能"为公司珍重"，才是能够带领员工长期努力的高明。

"应该尽力,但用不着拼命",这是很多父母对子女的教诲。有人痛斥这种"尽力而为"的观点,认为这是马虎做事、应付工作的态度的挡箭牌,其实,只说"尽力"不太妥当,加上"尽心"更好,如果一个人愿意尽心尽力地工作,又何必非要他拼命?

◆ 分析三

焦君在分享前主动说明"培训师是这样说的,但我不完全认同",能够起到缓和听者的紧张状态的作用,如果身份合适,效果会很好。需要注意的是,如果总经理不欣赏这种态度,那么此举是得不偿失的。

中国人普遍认为自己最了解中国人,殊不知"不识庐山真面目,只缘身在此山中"。不过,"要分析,就应该分析出一些名堂来"是分享的基本要求,如果人云亦云,或者自己尚一知半解就急着分享,岂非害人又害己?

士为知己者死,史有明证,然而,其先决条件甚多,绝不是一个简单的"情"字就可以概括的。表面上,中国人的"情、理、法"把"情"字摆在首位,实际上,中国人有"居中为吉"的次序观,"理"居中,最为重要。中国人是格外重"理"的,衡情论理,合理地解决问题才是中国人所追求的。

中国人不喜欢死,认为好死不如赖活着,但中国人不完全排斥"好死",因为人难免一死,实在不能活的时候,"好死"很重要。因此,对中国人来说,不卖命是根本,不应该卖命的时候,自然不会卖命;但应该卖命的时候,会合理地卖命。换句话说,是站在不卖命的立场上卖命。

◆ 分析四

刘君强调的"与其消极地降低不良率,不如积极地确保零不良率"很难为中国人所接受,因为中国人普遍认为就算是神仙打鼓也有可能出错,100%的完美是可遇不可求的。

实际工作中,我们可以希望把不良率降为零,但最好不要明白地要求零不良率。高明的总经理会以零不良率为荣,认为这是员工"化不可能为可能"的了不起的行为,但不会以零不良率为标准,更不会让员工觉得自己努力追求零不良率是在完成任务而非争取荣誉。

也就是说，中国人有办法做到零不良率的程度，但是，零不良率不应该由总经理来规定为标准——员工累得半死，结果只是达到了"标准"，谁受得了？

❖ 分析五

龚君转述的个案说明"卖命"也要有技巧，否则努力增产还要被抱怨，实在不值得——总经理生气，是因为他的面子受到了伤害："我只要求增产5%，他们一加油就增产了10%，说明我过去定的标准大有问题！"

说 明

"卖力不卖命"这一主张之所以备受中国人认可，是因为人生下来只有一条命，要结束得足够有价值，才"重于泰山"，而力气天天有，今天的力气用尽了，明天会有新的力气，何况今天的力气不用也不可能存储下来，照样会随着一天的结束而消失。

卖命不卖命，由己不由人——自己决定卖命，别人拦不住；被别人劝着卖命，听听就算了，不用在意。

卖力不卖力，由人不由己——自己决定不卖力，是可能被指责、处分，甚至解雇的。

因此，劝人卖力是做好事，劝人卖命则是做傻事。

要 则

◎ 工作上应该卖力，即尽心尽力，但不应该卖命。为自己，为公司，为国家、社会，必须留住宝贵的生命，以便卖力、再卖力！因为要保命卖力，所以卖力不卖命！

◎ 卖力到什么程度，由自己决定，后果也由自己承担。基于为自己负责的原则，我们认为，既然接受工作，就应该卖力，至于划不划得来，不是能用金钱衡量的。对得起自己，不浪费宝贵的生命，才是卖力的主要原因。

◎ 各种要求、分享有没有效果，主要看能不能真正付诸实践。想要说得有效，必须符合当地的风土人情，否则空说无益，因为就算受众能听进去也用不着。

心　得

请写下您的阅读心得。

争气不争功

个案

某公司的新旧总经理交接仪式由王董事长亲自主持。循例，王董事长先说了一些前任总经理（张总经理）的贡献，肯定其5年任期内的改革对公司的发展有很大的帮助，然后介绍了新任总经理（李总经理）的才干，对他的丰富经验和出众能力倍加称赞，表示相信公司在他的带领下，会有更光明的未来。

张总经理发言的风格与其过往的工作风格截然不同，他十分客气地表示，过去，由于过分重视绩效和士气，对某些同事疏于照顾，希望大家体谅他的苦心，多多包涵。此外，他表示自己虽然离开了公司，但是仍然在本地任职，以后见面的机会很多，请大家保持联系，不吝指教。

张总经理发言后，李总经理发言。李总经理是新人，大家对他所知不多。只见李总经理诚惶诚恐，生怕大家不愿意接纳他，发言时语气和缓，偶尔加几句幽默的话，看得出来非常希望博得大家的好感。

类似的场合，各公司、机构设置的交接流程和相关人员写的发言稿大致相同，大家不约而同地说着相似的话，用着相似的态度和语气，久而久之，似乎形成了一套不成文的模式，非如此不可。尤其是针对前任总经理的卸任，不管其是退休、荣升，还是迁调，在交接仪式上，对其的评价一定以赞扬为主。

问题一：为什么在交接仪式上说哪些话会慢慢地形成惯例呢？

问题二：王董事长先肯定前任总经理，再介绍新任总经理，为什么会选用这个顺序？

问题三：通过观察各人的表现，可以体会到哪些内涵？

问题四：职场真的有功没、过存（功劳很快就会被遗忘，而过失常被牢牢记住）的特点吗？

问题五：如果职场真的有功没、过存的特点，我们应该努力做些什么呢？

请把您的高见简要地写下来。

分析

❖ 分析一

中国人讲究"好聚好散",凡事考虑得很长远,且一向相信山不转水转、不是冤家不聚头,主张"散,应该好好地散"。

为了"好好地散",办好交接仪式很重要,不但要化解彼此的误会、淡化多年的恩怨,还要为日后的见面、合作留下宽广的余地。

能不能将交接仪式办得成功、理想,交接双方和主持人是否用心、有诚意很重要,因此,效果好的、能体现诚意的话,会慢慢地成为被广为引用的话。

❖ 分析二

作为董事长,在新旧总经理的交接仪式上,通常会先感谢前任总经理,再推介新任总经理,以表明不忘本、继往开来的态度。

董事长选用这个顺序，一方面，在场的员工心理上比较好受，因为董事长并没有喜新厌旧；另一方面，前任总经理发言时会比较冷静、客气，不至于在交接仪式上表达不满，新任总经理也比较容易接腔，获得大家的接纳。

◆ 分析三

不管张总经理的工作成绩是否优异，他在公司任总经理之职5年，一定有所贡献，王董事长在交接仪式上对张总经理的贡献加以强调，张总经理必会感激、感动。

作为董事长，如此送别前任总经理，如果前任总经理是荣升，说不定会轻松地对新任总经理表示欢迎，并详细地为对方介绍该岗位上未解决的难题，帮助对方更快地进入角色；如果前任总经理是退休，大概会一边感叹韶光易逝，一边勉励大家，和谐地与大家道别。

个案中，张总经理明显与部分同事有意见不合的情况，在离任时致歉是不错的选择，化干戈为玉帛，符合中国人好聚好散的处事习惯。

李总经理作为新人，最担心的是大家能否接受他，因此，当务之急是争取大家的好感，具体事务，可留置他日再议。

其实，交接仪式不过几十分钟，隆重但简单，转眼就会成为过去。交接仪式过后，不管前任有多大的贡献，终究要离去；不管新任有多让人感觉陌生，也要逐步接触、共处。

◆ 分析四

说起过去，痛苦的记忆总是比快乐的记忆留存时间长；提到如今、未来，总是充满希望才有无限干劲，这是人之常情。

世态炎凉，人间冷暖，在一交一接之后，会表现得非常明显。

有时，为了支持新任总经理，在前任总经理离开后，董事长会有策略地对前任总经理的所作所为进行另一个角度的分析。一个人，不管任期内表现多良好、有多卓越的贡献，也难免有些做得不够完善的事情，同样一支笔，可以倒向东，也可以歪向西，同理，同样一件事，可以被说成白的，也可以被说成黑的。这就是职场的"功没、过存"特点的由来。

时势所趋、形势所逼等，很容易导致功没、过存，中国人普遍对此有心理准备，故有"不求有功，但求无过"这一名言流传于世，看似不够积极，其实非常有道理。

◆ 分析五

因为"不求有功，但求无过"，所以很多人努力的目标是"不要犯错"，而非"积极进取"。

为什么不求有功？因为功劳很容易被人遗忘，且随着时势变迁、形势转移，曾经的功，很可能成为日后的过。

为什么说功劳很容易被人遗忘？比如，面对"公司的福利政策是谁制定的"这一问题，答案不是"我"，便很可能是"不知道"。再如，面对"公司的新产品是谁开发的"这一问题，答案不是"我"，便很可能是"谁知道呢？"——自己的功劳，当然不会忘记，而别人的功劳，很难记得住。

为什么说曾经的功，很可能成为日后的过？因为日后谈起相关的事情时，很少有人会全面考虑当时的情境。站在当下审视曾经的决策，当然很容易发现漏洞。

为什么但求无过？因为过失导致的后果总是影响深远，经常为人痛恨、责骂，难以消散。

"不求有功，但求无过"的最高境界是在提高警觉、努力不犯错的同时，就算有功劳也要学会"自行忘记"。

说 明

"不求有功，但求无过"并不是什么都不做，而是要在有所作为的时候，留意自己的行为可能带来的功和过。面对确定的"功"，要带着无功的心情去做，并时时关注可能出现的过失，及时弥补漏洞，以绝后患；面对"过"，则应随时悬崖勒马，以免造成恶果，悔之不及。

个案中，李总经理就任后，当然应该有所建树，才不会辜负众人的期望。但是，需要注意，不要用前任总经理的过失凸显自己的功劳，因为过去的一切决策，受限于过去的种种情况，当下的决策，是符合当下的形势的，两相对比，显然后者更优。况且，现在是过去的延伸，没有过去，哪有现在？过去那些看起来"幼稚"的做法，正是现在"成熟"的做法的基础。

人往往喜欢彰显自己的才干、炫耀自己的功劳，殊不知如果不加收敛，后人也会如此对待自己。

成为同一岗位的前后任是缘分，对于这一交一接的机会，彼此都应该珍惜。具体而言，前任应该以后任为荣：幸亏有你，我的理想才能得以继续实现；后任也应该以前任为荣：承蒙你打下扎实的根基，我才能够自如地继续向上攀登。

总之，人应该彼此谅解、勉励，否则，几乎人人有过，个个无功！

要　则

◎ 好聚不如好散，为彼此留下日后好见面的余地很重要。中国人重视祭吊甚于重视庆生，原因之一是前者大多极度真诚，后者很可能怀有巴结、讨好、索求的心思，不可不防。

◎ 交接仪式往往有很多细节值得解读，至于具体如何解读，要看各人的本事。解读时，最好不要抱有成见，用客观的态度观察、分析，能够更合理地对未来的发展有所判断。

◎ 对职场来说，功没、过存的特点不可忽视。做事前，最好先想想可能造成哪些后果，以便想办法加以避免，切忌不管不顾地做了再说，容易得不偿失。

心 得

请写下您的阅读心得。

第三章

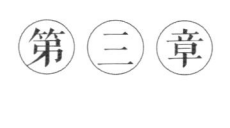

沟通的现象

导　言

中国人普遍接受"先说往往先死"的观点，以致"见面不谈正经事，喜欢天马行空地聊"。碰到有意见的情况，中国人一般不会坦诚地说，往往会留一手，先听别人发表意见，再见机行事——可能大肆抨击，也可能赞扬备至。这种见风使舵的模样，很容易令人气愤。而让别人站在明处，自己躲在暗处的行为，有时会造成很多沟通障碍。

不了解"先说往往先死"这一规律的人，常死得不明不白，而只知道"先说往往先死"这一规律的人，有时会因难以沟通而自毁前程。要知道，"先说往往先死"固然是一种规律，"不说也是会死"同样有很多铁的事实，不容忽视。

"先说往往先死"和"不说也是会死"看起来彼此矛盾，中国人却有办法将其融合，做到"说到不死"的地步。化矛盾为统一，中国人在这方面非常厉害。

明智的人，会在"先说往往先死"与"不说也是会死"之间找出一条"说到不死"的活路，具体表现为"不可不说"且"不可乱说"，要说得恰到好处，甚至令人拍案叫绝。

受西方文化的冲击，如今有些中国人在没有了解"先说往往先死"这一规律前，常勇敢地有话直说，弄得灰头土脸却不知道问题出在哪里，实在可怜；有些电视节目鼓励大家有话直说，让部分中国人"对的说，不对的也乱说""懂的说，不懂的也胡说八道一番"，导致社会混乱、人心不安，实在可恶。

自古，中国人就讲究"不要听他说什么，要去看看他做些什么"，简言之，就是"行动胜过语言"——付诸行动，比说一大堆空话真诚。

绝大部分中国人很会察言观色。孔子告诉我们："未见颜色而言谓之瞽。"大意是说话时眼睛最好看着对方，学会察言观色。说话时眼睛为什么要看着对方？一方面是看对方是不是同意我们说的话，另一方面是看对方有没有了解我们的"话外之意"。稍加注意即可发现，我们说话的时候，对方也大多喜欢看着我们：一方面是否真诚，另一方面是在观察我们有没有用行动来证明我们说的话。

中国人喜欢"不明言"，即"不说得清楚明白"，认为"点到为止"即可，以免伤感情。

不明言的态度，对应的便是努力规避先说往往先死——在不明言的情况下，对方听到的意思一部分是我们说的，一部分是他自己猜的，不管听明白了几成，大家都有面子。

谁都不必完全听从谁，这一观点普遍为中国人所接受。否则，很多人会想"我为什么要听你的？"，或者"你凭什么命令我？"。

不明言的态度，同样规避了不说也是会死——我已经说了，至于清楚不清楚、明白不明白，只是程度上的差异，没有本质区别。

不明言的态度，往往能够兼顾"说"与"不说"，获得"说到不死"的效果，实在是神奇。

中国人的沟通相当特别，如何绕过"先说往往先死"与"不说也是会死"的陷阱，真正做到"说到不死"，恐怕除了要把握好说与不说的度，还要用行动来支持自己说出的话。

先说往往先死

个 案

王董事长和李总经理是从小一起长大的好朋友,这种难得的友谊让他们在大学毕业之后决定一起创业,不分彼此、不拘名分,董事长和总经理不过是形式上的称呼,实际上凡事商量着办。

数年后,情况有些变化。

以往遇到双方的意见很难达成一致的情况时,两人总会坦诚地表达自己的看法,就算大声争吵,也不会真的伤感情。现在呢?见面时,两人会友好地打招呼,却很少面对面地谈问题了,绝大多数事宜,会通过朱秘书联系解决。

朱秘书夹在中间,相当为难。遇到问题,请示王董事长时,答案经常是"你应该先去问问李总经理",而去请示李总经理时,又常听到"你应该先去问问王董事长"的要求——谁都不愿意先给指示,朱秘书转来转去,疲惫不堪。

实在没有办法的时候,朱秘书只好含糊地编造一套一方的意见说给另一方听,结果常是听到报告的一方给出"怎么可以这样?"的反应,并提出刚好相反的观点。

朱秘书每天转来转去,费好大力气才能解决一个问题,苦恼万分。

问题一:为什么王董事长和李总经理原本情意相投,一起创业后却渐渐地貌合神离了呢?

问题二:为什么先说往往先死呢?

问题三:朱秘书的沟通难点是什么?

问题四:王董事长和李总经理真的不了解朱秘书的难处吗?

问题五:商场上的讨价还价和个案中的反复推脱有什么关系?

请把您的高见简要地写下来。

分 析

◆ 分析一

中国人常说"合"字很难写，意思是合伙干一番事业很难"好头好尾"，往往创业阶段一过就好似蜜月期满，争吵会慢慢出现，大家都越来越疲惫。

王董事长和李总经理当然也有过情意相投的"蜜月期"，两人合作得十分愉快，但随着人员越来越多、事务越来越复杂，难免出现一些小误会，并渐渐累积成大误解。要知道，人一旦开始有所怀疑，就会越来越疑心重重、直至貌合神离、心存芥蒂，很难再有原有的信任。

探究其中的原因，说起来很有趣，竟然是"先说先死"在作祟。中国人最了解"先说先死"的道理，因为类似的情况屡屡出现。面对很多事情，中国人不愿意说或不方便先说的态度很容易导致沟通困难，误解、猜疑随之出现，久而久之，貌合神离，甚至反目成仇便不是意外。

❖ 分析二

为什么先说往往先死呢？我们举一实例来说明。

某日，上级领导参观某化工厂，行至仪表控制室时看见仪表板上有若干不同颜色的指示灯，有亮着的，也有不亮的，而其中有一个指示灯是时亮时暗、一闪一闪的。

上级领导问："为什么这个指示灯会闪？"

厂长回答："因为对应箱体中的液体快到临界点了，液体到达临界点后，这个指示灯就不闪了。"听起来很专业。

不料厂长刚说完，仪表工程师便否认道："不是的，那个指示灯坏掉了！"

大家纷纷看向厂长，厂长顿觉脸上无光，懊恼不已。

假设上级领导发问时厂长不搭腔，看向仪表工程师，仪表工程师就不得不回答："那个指示灯坏掉了！"此时，厂长可顺势指责他："指示灯坏掉了为什么不及时修理？一闪一闪的，多难看！"由此可见，仪表工程师先说，厂长更有随机应变的余地，如今厂长先开了口，且说错了，不仅显得很不专业，还无法贸然指责仪表工程师，否则有恼羞成怒之嫌，很不得体。

❖ 分析三

朱秘书遇事先请示王董事长，王董事长会下意识地认为朱秘书要让他"先说先死"，当然会给出"你应该先去问问李总经理"这样的答案。若朱秘书遇事先请示李总经理，李总经理同样会有类似的下意识反应，要求朱秘书先去问问王董事长。两个人推来推去，谁都不愿意先说，因为若真的先说先死了，大家不但不会佩服，还会纷纷在心里取笑。这便是中国人遇事喜欢推、拖、拉的真正原因。

那么，为什么先说往往先死呢？我们在分析二的基础上，继续探究其底层原因。

道理几乎都是有正反两面的，正所谓"仁者见仁，智者见智"。先说的人说出一种观点后，后说的人很容易站在相对的立场上说出另一种观点，虽然双方都可以说得头头是道，但是后说的人有机会针对先说的人的观点进行批驳，通过挖其漏洞，达到否认对方、显得自己比对方高明的目的。

朱秘书夹在王董事长和李总经理之间，遇事先请示谁都不合适，这正是她的沟通难点。编造一方的意见以引起另一方的反击，先从中获取信息，再抽来剥去，更容易解决相关问题。

◇ 分析四

王董事长和李总经理真的不了解朱秘书的难处吗？未必。然而，关心下属是一回事，自己不可以"先说先死"是更要紧的另一回事。权衡之下，让朱秘书团团转是两人不约而同地选择的自保措施。

◇ 分析五

商场上的讨价还价同样是先说往往先死的良好佐证。需要定价的卖方往往非常为难——定了高价，顾客一看价格这么高，转身就走，连讨价还价的余地都不留；定了低价，自己利薄，工作得很不开心；直接定实在价能解决问题吗？答案是"不一定"，因为中国人喜欢讨价还价，没讲下价来还会觉得没有面子，进而放弃购买。

如今，大家一边呼吁卖方推行"不二价"，一边坚信"货比三家不吃亏"，这是什么道理？说到底是信不过定价的卖方。于是，大家有时会先去百货公司看定价，再去小商铺、地摊讨价还价，一次又一次地证明着先说往往先死。

说　明

生活中，有一种很有趣的现象——女孩子们买东西回来，常常会很有兴致地让大家欣赏她买的东西，却不会主动谈论价格，如果有人问她们："这些东西是多少钱买的？"机警的女孩子们往往会回答："你猜呢？"

中国人的处事技巧，除非一生都悟不明白，否则一学就会，且终生受用不尽。要中国人转变先说往往先死的观念，恐怕不容易。

老子说过"不敢为天下先"，孔子说过"始作俑者，其无后乎"，道理何在？假如大家都不怕死，争先恐后地先说，但说得不伦不类、似是而非，是好还是坏？

王董事长和李总经理的问题，不只是坚信先说往往先死造成的。如何基于他们各自的职位，找到理想的相处模式，才是值得深思的课题。

要 则

◎ "先说往往先死"这一规律，大家有所了解后会不知不觉地引以为戒，遇事不敢先开口说出自己的意见，以致增加了沟通的困难。现代社会对提高沟通效率的要求越来越高，大家必须克服自己的恐惧心理，以便获得良好的沟通效果。

◎ 沟通前，最好双方都对问题"人人都知道先说往往先死的规律，那么，究竟谁应该先开口？"加以思考，以免没有人愿意先说，一来一回地说很多没用的话，浪费大量的时间。

◎ "说到不死"需要有较高的情商，若能达到先说也不会死的境界，堪称"沟通高手"。实际沟通中，弱势的一方最好先陈述自己的意见，让强势的一方有机会公正地给予合理的建议，双方更可能完成高效的沟通。

心 得

请写下您的阅读心得。

不说也是会死

个 案

◈ 个案一

总经理主持会议,希望大家踊跃地发表意见,没想到大家你看看我,我看看你,最后不约而同地低下头看自己,均一言不发。总经理很不高兴,讥讽道:"平常不让大家说话的时候,有的人话特别多,现在让大家说话了,却都没有话说?"

◈ 个案二

某公司的子公司中,某部门的主管出缺,总经理翻阅人事资料,发现王君的学历、工作经验都符合主管出任条件,便征求王君的直接上司李经理的意见,没想到李经理说:"我不了解他,因为他很少和我说话。"

◈ 个案三

董事长找到总经理,希望总经理代他了解一下其下属汪经理的近况,原因是过去汪经理见到他时会有说有笑地跟他聊天,最近一两次见面时却在打过招呼后沉默不语,有些蹊跷。

◈ 个案四

总经理带朱专员拜访客户,沟通过程中,客户提出了若干要求,总经理说来说去,不小心给出了错误信息,而朱专员全程在场,什么都没说。回到公司后,总经理查明实际情况,意识到了问题,立刻把朱专员叫进办公室,指责他明明听到自己说错了,但一副事不关己的样子,一句话也不说。

总经理大声责骂道:"我难道是带你去看戏的?旁观我丢脸,对你有什么好处?"

朱专员被骂得哑口无言,心里纳闷:"原来不说也是会死?"

问题一：中国人为什么不喜欢在会议中发言？

问题二：王君的学历、工作经验俱佳，李经理为什么不愿意力荐他出任主管？

问题三：汪经理为什么会因为很少说话引起董事长的关注？难道少说话也有错？

问题四：拜访客户时，朱专员可以率直地指出总经理的错误吗？如果不可以，他应该如何应对总经理给出错误信息的情况？

问题五：真的有"先说往往先死，不说也是会死"的规律吗？如何做到"说到不死"？

请把您的高见简要地写下来。

分析

◆ 分析一

东方人的会议和西方人的会议向来不同，以日本人为例，在会议中，他们的行为往往有 3S 的特点——保持沉默（Silence）、有人看见时微笑（Smile）、没人注意时打瞌睡（Sleeping）。

日本人并不推崇能言善道的人，相对而言，更欣赏"不善言辞，却愿意专心去做"的人，不知道大家在研讨日本式管理时，有没有把这一特点纳入考虑？

再看中国人，中国人不是不喜欢说话，而是很难将自己的意思表达得很清楚。话很难说透，而听的人往往相当敏感，于是"言者无心，听者有意"，好话常变成坏话，无意常异化为恶意，招来挥不掉的烦恼，何苦呢？因此，中国人见面不喜欢谈正事，只喜欢闲聊，专说"没有用的话"。会议是要谈正事的，大家只好面面相觑——不是真的没有话要说，而是谁都不愿意先说，因为大家都明白"先说往往先死"。

通常，只有 3 种人敢于在中国人的会议中发言：一是怎么说都不会死的"红人"；二是说与不说都会死的"黑人"；三是被扣上高帽子，自以为正气凛然的"白人"。除此之外，说得好是应该的，说得不好就会死的"黄人"还是少说话或后说话比较安全。

在中国人的会议中，"红人"常常狐假虎威，殊不知大家脸上没有表情、嘴上不说，其实心里都在嘀咕："哪天你'失宠'了，你还会讲这种话？"

"黑人"什么话都敢说，因为他往往有"大不了一死"的心态。他不怕死，别人就会怕他，就算心里恼怒，表面上也会示以微笑，好像很有风度。

"白人"被捧得比较高，以至于真的认为自己双肩挑重担，有义务先说。这种人常成为人人害怕的"破玻璃"，大家多敬而远之。

"黄人"的处境最为尴尬，必须有智慧地合理突破困局，将话说得恰到好处。

个案中，总经理看到大家不说话，居然不高兴，是典型的"得了便宜还卖乖"的表现。如果大家踊跃发言，说得他下不了台，他将如何应对？看到大家不说话，总经理应该意识到问题的症结是会前的沟通不够，以致大家不知道应该从何说起。

比起会议中的发言，中国人往往更重视会前与会后的沟通，如果把握不好这一特点，贸然指责中国人"会而不议"，强调"有话要在会议中直说"，是在害人。

◈ **分析二**

王君的学历、工作经验俱佳，李经理为什么不愿意力荐他出任主管？其实李经理已经明确地给出了答案："我不了解他，因为他很少和我说话。"若王君平日沉默寡言，与他沟通只能得到简短的回应，人人都感觉他高深莫测，谁敢推荐他晋升？孔子虽欣赏讷言敏行的人，但也主张言辞必须通达。少说话很好，因为言多必失，但少说话绝不是该说话时不说话，否则很容易在自己与他人之间建立起难以消除的隔阂。

❖ 分析三

平日说话少，忽然话多起来，或者平日很爱说话，突然不怎么说了，都容易令人起疑。这种比较明显的变化，多为心理不平衡的表现。

在职场中，员工有异常变化时，管理者必须尽快详加了解，明确异常原因，绝不可掉以轻心，因为若等到出现严重后果时再设法解决，已经错失了良机。

需要注意的是，董事长发现汪经理有异常变化后立刻提醒总经理去了解一下这一行为有一个先决条件，即董事长和总经理的关系很不错——总经理不会直接对汪经理说："你要小心一些，董事长生性多疑，发现你近来不太爱说话，已经对你起了疑心。以后在董事长面前，你要小心应付。"此外，汪经理和总经理关系如何也是董事长应该关注的，如果明知两人相处得不好，还让总经理去了解汪经理的情况，不是强人所难，就是有意添油加醋，让两人相处得更不愉快。

❖ 分析四

总经理带朱专员拜访客户必然是有其用意的，比如认为朱专员对该客户及相关业务有所了解，万一沟通过程中有什么意外情况，朱专员可以在旁协助。没想到朱专员居然装糊涂，发现问题也不说，难怪总经理会火冒三丈，给予不客气的责骂。

拜访客户时，朱专员真的可以率直地指出总经理的错误吗？有些人说："当然可以，作为总经理，必须有此雅量，接受朱专员的指正。"甚至进一步表示朱专员这样做不仅无损于总经理的颜面，还会使沟通更加高效。这是典型的"用别人的拳头捶打石狮，还大喊'不痛，不痛'"的说法，真正击打石狮的人痛得冒冷汗，抓着他的手的人还会不解地说："不可能呀！不痛才对。"

那么，如果不应该率直地指出总经理的错误，朱专员应该如何应对总经理给出错误信息的情况呢？更加圆通地寻找沟通机会比较好，下一节"最好说到不死"或许会给大家一些启示。

◈ **分析五**

吸取"先说往往先死"的教训后,我们必须尽快明白"不说也是会死"的道理,因为一味地不说,同样不是好的处事方法。

为什么中国人喜欢连着说互相矛盾的两句话?比如,说了"先说往往先死"后,立刻说"不说也是会死"。此举体现的是化矛盾为统一的伟大思想。先想想"说会不会死?",再想想"不说会不会死?",千万不要抱着"反正是死"的念头忽视此举的重要性,"说到不死"才是大家极力追求的。

如何做到"说到不死"?恐怕要多费一些心力,对本章的学问进行融会贯通。

说 明

"先说往往先死"和"不说也是会死"看起来是矛盾的,但我们不应该将其对立,试图二选一,以免造成不利的后果。面对这两者,最好能够兼顾,遵循"不可不说,也不可乱说"的原则,既不先说,又不始终不说。

遇事时,在说与不说之间,要看形势、论关系、套交情,先综合衡量此时、此地、此事,再决定对此人应该把话说到什么程度才算合理。

换句话说,不能因害怕先说往往先死而始终不说,应该在顾虑不说也是会死的不良后果的基础上,慎重审思怎样说才不致一开口就闯祸。

要 则

◎ 不开口说话,要嘴巴做什么?虽然有时候沉默是金,但是总是不说话,别人无法了解我们的想法,就很难与我们互动,对双方而言都相当不利。

◎ 喜欢有话就说、有话直说的人,说话前请务必多想想"先说往往先死"的规律和"不说也是会死"的情况,逐渐调整自己的说话习惯。

◎ 不可不说,也不可不分情况、不分场合地有话直说。会说、慎言,最为合理。

心 得

请写下您的阅读心得。

最好说到不死

个 案

龚专员陪同刘经理出席公司的汇报会,在刘经理汇报部门情况的时候,龚专员听得很认真,并发现刘经理遗漏了一件很重要的事情。发现问题后,龚专员不慌不忙地在便笺上写下"老李赌气要打架"7个大字,偷偷地递给了刘经理,提醒他不要忘记汇报"警卫老李为了星期日出货没有人事先通知他的事气愤地要找人打架"这件事,以免不了解详情的人以讹传讹。刘经理看了便笺一眼,自然地将便笺收进了口袋,继续汇报,直到最后也没提老李的事。龚专员心中忐忑,不知道刘经理的葫芦里卖的是什么药。

汇报结束后,龚专员跟着刘经理回到办公室,小心翼翼地问:"经理,刚才为什么不汇报一下老李的事?"

刘经理说:"谢谢你的好意提醒。我并没有忘记这件事,只是想来想去,觉得不方便在会上汇报,免得老李恼羞成怒,吵闹得更凶,不好处理。"

问题一:刘经理为什么会这样做?这样做是有负于龚专员的好意的行为吗?
问题二:龚专员这样做对不对?
问题三:若龚专员没有提醒刘经理,刘经理可能会怎么想?
问题四:生活中有哪些类似的个案?
问题五:想做到"说到不死",需要特别关注什么?

请把您的高见简要地写下来。

分 析

◈ 分析一

我们完善一下老李赌气的原因。

星期日是休息日，休息日出货较罕见，需要事先通知警卫，以免到时不被放行。负责出货的人通知了星期日当班的警卫，但没想到警卫室临时调班，改由老李值班。老李是公司董事长的同乡，且辈分较大，常倚老卖老。值班时，老李想当然地认为当天不会有什么特殊事情，也懒得看值班室的备忘录、工作记录，导致货车要出货时不问青红皂白地横加阻止，引发了一场争吵。领导出面调解后，老李有些下不来台，不仅气愤地要找人打架，还硬说没提前接到通知，将所有责任推给了负责出货的人。

很多事情会牵连若干关系，无法单纯地分辨是与非、对与错。刘经理的工作经验比龚专员丰富，考虑后认为以不提此事为上策。

刘经理这样做，并未有负于龚专员的好意。面对提醒，感谢归感谢，具体如何应对，当事人是可以且应该自己审慎决定的。

◈ 分析二

龚专员虽然年轻，但是处事方式可圈可点：一是他没有莽撞地在会议上大声提醒刘经理汇报此事；二是他没有漠不关心地忽视刘经理对此事的遗漏；三是他做到了会后反思，及时探问究竟，努力在日后与经理更默契地配合。

如果龚专员在发现刘经理未汇报老李赌气的事时立刻站起来补充说明一番，会怎样呢？刘经理不仅不会感激龚专员的补充说明，还很可能在会后气冲冲地把龚专员臭骂一顿："你以为自己很聪明、记性好？我坦白告诉你，老李的事，我比你知道得清楚、记得牢！我比你谨慎，特意决定不在会上汇报，没想到你自以为了不起，非要在会上说出来！"如此一来，龚专员必将承受"先说往往先死"的苦果，失去刘经理对他的信赖。

◈ 分析三

若龚专员没有在会上提醒刘经理，会怎样呢？万一刘经理真的是一时大意，忘记汇报本应该汇报的老李的事了，那么，会后，刘经理必然会对龚专员产生不满。一方面，刘经理会怀疑龚专员的工作态度不端正——出席汇报会时心不在焉，耳朵、眼睛和脑子一样都不带，这样的下属，谁敢信赖？另一方面，刘经理会怀疑龚专员的忠诚程度——一点儿都不关心上司的汇报情况，这样的下属，可靠吗？如此一来，龚专员必将承受"不说也是会死"的苦果，不知何日才能扭转自己给上司留下的不良印象。

◈ 分析四

小王陪总经理到客户公司去谈判，客户提出了某些新要求，小王当场拿出计算器熟练地计算了一番后直接说："没问题，可以接受。"一旁的总经理气得脸色发青，在客户面前不便发火，离开客户公司后立刻厉声指责小王："你是总经理还是我是总经理？你存心要把我气死！"

小朱陪总经理到客户公司去谈判，面对客户提出新要求的行为，小朱当场拿出计算器熟练地计算了一番后，一言不发地将计算结果递到总经理面前，总经理看后说:"不行啊！超成本啦！"客户见状暗想：这一套把戏，谁看不透？分明在作假！

小丁陪总经理到客户公司去谈判，客户提出若干新要求后，小丁一边把计算结果展示给总经理看，一边说："不行啊，您看，超成本了！"总经理看见低于成本的数字，内心了然，接着小丁的话说："确实超成本了，但或许能再想想办法？"

以上3个个案中，小王触碰的是"先说往往先死"的禁忌，让总经理毫无退路，不管愿不愿意，只有接受客户的新要求这一条路可走，当然非常不高兴；小朱触碰的则是"不说也是会死"这一禁忌，客户看他一言不发，立刻就可以推测出计算结果是可接受的，随后空耍花招，很可能导致谈判气氛变得尴尬；只有小丁做到了"说到不死"，在真真假假、假假真真中，客户左猜右猜，会越猜越迷糊。

◈ 分析五

不知道"先说往往先死"的人，往往会死得不明不白；仅知道"先说往往先死"，不知道"不说也是会死"的人，往往会一辈子吃亏，被"不说"害惨。

明智的人，会在"先说往往先死"与"不说也是会死"之间找到一条"说到不死"的活路。所谓"说到不死"，讲究不可不说，也不可乱说。如何在"不说"与"乱说"之间找到平衡点，将话说得恰到好处，很见功夫。

说 明

个案中，龚专员用便签做到了"不说之说"，明智地化解了双重危机——说他说了，他根本没有说，因为并没有人听到他想说的话；说他没说，他却真的完成了意思的传达。

如果刘经理打算借汇报会就老李的事公开向各部门做一番交代，却疏忽地忘了提及，看到龚专员的便签，可以自然地补充汇报此事。龚专员这样做，一方面，刘经理不会丢面子——不会被其他人发现他居然遗漏了汇报事项，需要下属提醒；另一方面，刘经理会真心感激龚专员，认为他聪明、可靠，日后重用他、信赖他是自然而然的事。

相反，如果刘经理深思熟虑后认为不在汇报会上汇报老李的事才是明智之举，私下向总经理汇报更佳，他可以在将便签收进口袋后若无其事地继续按自己的计划发言。虽然龚专员的提醒看似无用，但实际上，刘经理仍旧会感激龚专员的好意，暗暗赞叹他年纪轻轻就如此机警、懂事，今后非重用他不可。

龚专员走的便是"说到不死"的坦途。

分析四中列举的个案同样说明了"说到不死"的重要性。

小王的做法不妥在哪里呢？不妥在没有尊重总经理的裁决权。就算小王有尊重总经理的裁决权的意识，也需要注意说话方式，万不可直白地说："低于成本，没问题，不知道总经理同意不同意？"如果说了这种话，客户定会心中暗喜，总经理则会气得不轻。那么，像小朱一样一言不发呢？中国人太聪明，会立刻想到一定是所提的新要求可同意也可不同意，没有裁决权的小朱才会一句话都不敢说，否则他会直接表示成本堪忧。既要尊重总经理的裁决权，又要让总经理有同意或不同意的裁决余地，小丁的处理方法最好——口中念念有词，让客户自己猜，同时用行动将话"说到"，做到"说到不死"。

要 则

◎ "说到不死"的关键是说到合理的程度。只要合理，大家都能够接受。说话前，记得先想一想要说的话是否妥当，妥当才说，若不妥当，要及时调整。

◎ 中国人说话，最重要的是说对方听得进去的话，若对方根本听不进去、直接拒绝听，甚至产生反感或不满，还不如不说。

◎ 想要把话说得让对方听得进去，千万不能存心讨好对方，因为讨好并不是良好的沟通方式。不卑不亢地把话说得让对方听得进去才有良好的沟通效果。

心 得

请写下您的阅读心得。

行动胜过语言

个 案

◈ 个案一

办公室里,王主管严厉地批评了张三,指责他犯有三大错误,并义正词严地说:"自己的工作做不好是小事,但让整个部门受牵连是大事!"

张三未否认,也未承认,默默地听完王主管的责骂后,回到自己的工位,情绪稳定地埋头工作。

过了两天,王主管又把张三叫进办公室,责怪他:"我昨天找李四把事情弄清楚了,你并没有做错什么。既然如此,前两天为什么不直接说明情况呢?"

张三心里有数,主管虽然听似在责怪他不直接说明情况,其实是在向他道歉,真正的意思是"对不起,我错怪了你"。

◈ 个案二

在业务汇报会上,李主管公开批评了朱五和龚七,说他们的工作态度很差,面对工作任务,有故意推、拖、拉的现象,令人痛心。朱五和龚七站起来,一再申辩并无此事。朱五说自己是因为忙于年度结算而疏于日常工作,龚七说自己的弟弟要出国进修,自己操心这件事,导致工作上有点分心。虽然两人都给出了解释,但李主管坚称两人的问题是工作态度问题,自己不会冤枉好人。

业务汇报会结束不久,李主管说自己要请大家吃饭。有人探问半天,问不出缘由。于是,大家心里明白了,李主管这是觉得自己在业务汇报会上大发脾气有些过火,但不便公开道歉,所以借吃饭的机会让大家消消气。

◈ 个案三

因为某事,林经理和刘经理吵了一架。几天后,林经理带着倪主管去找刘经理,将两人吵架的责任推给了倪主管,说是倪主管汇报工作时表述得不够清楚,才引起他和刘经理之间的误会,请刘经理不要介怀。

刘经理一看倪主管的表情便知道倪主管不过是替罪的羔羊，但既然林经理这样说了，他便顺势应和说自己也常常如此，因下属的汇报失误而着急上火。

两位经理握手言和，皆大欢喜。

◆ **个案四**

在某次会议中，陈总经理批评错了人。在随后的一次会议中，陈总经理不慌不忙地旧事重提，说："上次开会时，我把鲁主管数落了一番，相信大家都有些奇怪，像鲁主管这么认真、负责、表现良好的主管，我为什么要给他难堪？各位要明白，我不是一个是非不明的人，要不然，凭什么当总经理？我想在鲁主管最难的时候帮他一点儿忙，可是不能直接替他工作，所以，我故意公开指责他，让他能在自己的下属面前更自然地提高工作要求。这个坏人由我来做，各位觉得怎么样？"

问题一：中国人真的不愿意大大方方地承认自己的错误吗？为什么要变着花样地承认错误呢？

问题二：如果张三当场辩解，坚称自己没有错误，可能产生什么样的后果？

问题三：李主管的行为和王主管的行为有什么不同？

问题四：林经理是否达到了道歉的目的？

问题五：陈总经理说完这些话后，会上的人可能有什么反应？

请把您的高见简要地写下来。

分 析

◈ 分析一

中国人真的不愿意大大方方地承认自己的错误吗？很难说。

表面上，中国人不轻易认错。实际上，中国人很清楚有错就要认，只是认错方式多样，会因人、因事而异。

有错就公开认错，容易给人经常犯错、认错的印象。更糟糕的是，常常认错，容易给人认错认得并不认真，不过是口头说说，缺乏诚意的错觉，让大家不愿意给予谅解。因此，很少犯错的人才敢有错就认。但话说回来，有错不认，容易引起大家的厌恶，对自己不利。综合来看，最好的办法，就是视情况的不同，给出不一样的反应。

◈ 分析二

王主管在办公室里指责张三时，如果张三毫不退让，当场辩解，万一声音越来越大，很容易变成顶撞上司，是一种"犯上"的行为。而且，如果王主管每次指责张三，张三都当场辩解，王主管会觉得他不虚心、死不认错，一方面可能慢慢地不再指出他的过失，另一方面可能不会给他得到重用的机会。

沉默的张三心里明白，如果我没有过失，就用不着害怕上司的指责，而且，是非、对错往往是相对的，谁敢说自己绝对没有过失？从心理学角度分析，若下属辩解得很激烈，就算上司发现自己错怪了对方，也不会轻易认错，反而会因觉得没有面子而小题大做，即抓住对方细小的、不够妥当的行为大做文章，坐实对方有错；相反，若下属十分坦然，不否认，也不承认，上司会因觉得奇怪而进一步了解事实，在没有面子上的压力的情况下，上司更容易忽视对方细小的、不够妥当的行为，从大局着眼，认为对方没有什么大不了的错误，甚至对自己的指责行为感到抱歉，在态度上，或其他方面给予弥补。

个案中，张三听完王主管的责骂后，回到自己的工位，没有发牢骚、生闷气，而是情绪稳定地埋头工作这一行为是刺激王主管反省、调查、感到抱歉的主要原因。如果张三能够接受王主管并未言明的道歉，想必王主管会在以后的日子里用实际行动来补偿张三，因为中国人认为：实际行动比嘴上说说更真诚。

◇ 分析三

李主管和王主管的行为的不同之处在于李主管对朱五和龚七的批评是公开批评，不可能私下安抚。

作为主管，错误地公开批评下属后公开向其道歉在理论上是应该的，实际上却很不容易做到。有些身为主管的人在影视剧中看到上司在会议中公开向下属道歉，下属会十分感动，有双方前嫌尽弃的良好效果，便下定决心在实际工作中试试看，却在每次要付诸行动的时候临阵变卦，道歉的话怎么都说不出口。此外，还有更糟糕的情况——有一位主管强迫自己完成了公开道歉，事后却耿耿于怀，斤斤计较于下属不在犯错后立刻向自己道歉，以致时时扮演法官的角色，逐渐失去作为主管应有的亲和力。

个案中，李主管不便正式地向朱五和龚七公开道歉，但很想表达自己的歉意，于是心生一计，用请吃饭的方式聚集相关人员，试图用此举向朱五和龚七赔个不是。

上司请下属吃饭可能的目的有很多，有时，上司会将自己的目的明白地说出来，大家不用私下揣测；有时，上司不明言自己的目的，大家先用心打听一番，再听"权威人士"分析一二，便也心中了然。

◇ 分析四

林经理和刘经理吵了架，如果迟迟不和解，总有一天会传到总经理的耳朵里，大家都不好看。但如果林经理明明白白地向刘经理道歉，看似有修养，实际上很容易给旁人他常常犯错的观感，不是好事。

林经理知道自己理亏，便主动带着替罪的倪主管上门解决此事，刘经理当然也不愿意让事态扩大，赶忙顺势应和说自己也遇到过这种情况，事情弄清楚就好。

虽然看起来林经理并没有真正地道歉，但他的行为已经表达了他的歉意，达到了道歉的目的。有人为倪主管受委屈、背黑锅抱不平，其实大可不必——林经理会对同意替罪的倪主管心存感激，刘经理又何尝不了解其后的内幕？倪主管这样做，对自己而言只有好处，没有坏处。

有人好奇：到底是谁的错、什么错，为什么不公开说明？按中国人的习惯，最要紧的是改正错误，不要再犯，至于是谁的错、什么错，大家心里有数即可，不一定要让当事人十分难堪。给当事人改过的机会，保住他的面子，岂非更好？

总之，如果当事人愿意公开道歉，大家没有必要反对他这样做；如果当事人希望用其他方式表达歉意，大家也没必要指责他。顺乎内心，最见真诚，也最有功效。

◈ 分析五

显然，陈总经理比个案三中的林经理技高一筹——不找任何人顶罪，不欠新的人情，而是能言巧辩，将错误的指责说成用心良苦的支持，自然地解决问题。

陈总经理说完那些话后，会上的人可能有什么反应？很明显，可能有两种反应，一种是欣然接受，另一种是愤愤不平。

如果陈总经理平日为人公正，和蔼可亲，凡事为大家着想，那么，说完那些话后，大家一般会欣然接受他的巧辩，认为他愿意趁机强调一下鲁主管的认真、负责，就算是还了鲁主管的公道了。

对此，大家所持的理由可能是"总经理向下属道歉成何体统？公司只有一位总经理，他代表着公司，就算错怪了鲁主管，数落了他几句，是什么大不了的事吗？何况还公开为他正了名"。

如果陈总经理平日私心很重，待人严苛，喜欢斤斤计较，那么，说完那些话后，大家大概会愤愤不平，就算会上敢怒不敢言，私下也会抱怨："如果公司的最高管理者（总经理）都做不到以身作则，以后谁还会愿意承认自己的错误？"

说　明

地位越高，越应该清醒地认识自己的弱点，以便及时取长补短。

现实社会中，地位越高的人，拥有的自由范围往往越大，遇事时可以灵活使用不同的方式来表达自己的歉意。对于地位高于自己的人，大家往往只有一个要求：犯错后尽快设法补救，千万不要固执地错到底。

有实际行动上的改变，比口头认错更重要，因为行动胜于语言。注意，不必在形式上苛求犯错者，更不必强迫犯错者公开道歉，在认错方式上要求公平是自找麻烦，因为根本不合情理！

在职场上，各公司的公司文化是决定其成员表达歉意的方式的主要因素，只要大家都认同，即可"入乡随俗"。

中国人表达歉意时，常见一种相当独特的"说到不死"的现象，值得我们特别分析。

有人说，中国人经常不说实在话。我们不否认这种说法，但是，中国人经常不说实在话并不代表中国人喜欢说谎或欺骗他人。中国人时常因不想激怒他人、顾及他人的面子，或表示对他人的尊重而不说实在话，其动机很少是欺骗。

把话说得更妥当，虽然有时不那么实在，但用意是好的，目的在于"说到不死"，何乐而不为呢？

要　则

◎ 先激怒别人，再变着花样地道歉并不是明智的选择，说话或行动之前，应该多多思考，不得罪别人，就不需要道歉。

◎ 万一考虑不周，得罪了别人，最好不要仅口头道歉。想办法用实际行动补偿对方更加真诚，毕竟行动胜过语言，更有助于获得谅解。

◎ 中国人普遍相信自己的感受，对被误解的人来说，获得行动补偿比接受言语道歉的感受好，因此，误解他人后，用行动代替言语表达歉意，往往会有意想不到的效果。

心 得

请写下您的阅读心得。

第四章

沟通的真谛

导　言

中国人的沟通有三大特色，一是有话不一定会说出来；二是会把话说出来但可能说得很含糊；三是就算说得相当肯定，也不一定是真的。

把三大特色连起来，即"有话不一定会说，说时有可能说得不清不楚，就算说得明白，不一定能当真"，难怪常把人气得死去活来。不过，中国人这样做，不见得完全没有道理。我们仔细分析一下中国人这种趋吉避凶的习惯，以免大家心中存疑，导致沟通越来越困难。

为求立于不败之地，中国人一方面主张"事无不可对人言"，另一方面推崇"逢人只说三分话"。沟通时确保自己在"事无不可对人言"与"逢人只说三分话"的范围内，十分安全。

一般来说，"逢人只说三分话"是沟通的起点，一切顺利的话，双方可以加快脚步，缩短彼此之间的距离，向"事无不可对人言"的关系努力。万一双方不投缘，可以随时在安全范围内止步，确保自己立于不败之地。

三分话，要说到"不会死"的程度。事实上，唯有"说了等于没有说"，即这三分话是相对来说不要紧的三分话，才有这种效果。"不明言"的话，就是中国人常用来点来点去的"三分话"。"点到为止"的意思是不说明确的结论，这样做的负面影响是中国人沟通时常有"为什么我已经说得这么清楚了，他还听不明白"等感叹。

因为中国人擅长"不明言"，且中国话实在不容易听懂，所以在与中国人进行的沟通中，不能只"听"，应该结合"看"。"看他说些什么""看他怎么说"，对中国人来说非常重要。用不要只听的态度来听，更容易听懂。

中国人坚信"世上无难事，只怕有心人"，用"心"，而非仅用"耳"听话的人，才是有心人。仅用"耳"听话的人，容易听信小道消息。被小道消息蒙蔽，并不是好事。

用"心"听，主要关注两样东西：一是说话人说话时脸部的表情，二是说话人的说话方式。前者往往能比言语更真实地表露说话人内心的想法，而后者，包括说话的速度、说话的音调、说话的节奏等，能帮助我们更准确地揣摩说话人的心理，从而正确地判断说话人的真正意思。

在第一章"基本的理念"中，我们说过，中国人不容易被讨好，甚至害怕别人的刻意讨好。因此，与中国人沟通的时候，不建议说太多好听的话，也不建议到处说好话。很多人认为中国人不重视制度，其实并非如此，中国人十分重视制度，因为凡事有制度可遵循，就用不着到处低声下气地说好话。

说好听的话，依托的是纯粹的"情"，实际上很难获得预期的效果。在制度支持的范围内说好听的话，才是"通情达理"，有助于达成合理的协议。由此可见制度的重要性，不容忽视。

有明确的制度，并保留执行时的弹性（用来"通情达理"），看似不公平，实际上是"合理的不公平"，值得尝试。

三大特色

个案

◈ 个案一
王五见李乙走路不太稳,问:"你的脚痛?"
李乙回答:"还行。"

◈ 个案二
李乙看见王丙,打招呼时问他:"吃过饭没有?"
王丙回答:"跟你有什么关系?"

◈ 个案三
王丙指责龚丁说话不算数,并调出了录音,要求当面对质。

龚丁却毫不在意地称录音有误,因为他已经改变了主意,而录音是他改变主意前说的话。

问题一:中国人见面时为什么喜欢说一些看似没用的话,不直接谈正事?

问题二:面对疑问,中国人为什么经常给出有些含糊的答案?

问题三:含糊地回答问题,除了能保护自己不受伤害,还有什么作用?

问题四:为什么李乙问王丙吃过饭没有,王丙会回答"跟你有什么关系"?

问题五:为什么中国人有时候会理直气壮地不践行自己说过的话,并且不认为自己不诚信?

请把您的高见简要地写下来。

分析

◆ 分析一

中国人的沟通行为的第一个特色是"见面不直接谈正事,喜欢说一些看似没用的话,一旦触及正事,大家常常顾左右而言他",这是为什么呢?因为很多中国人的脑海深处有一个牢不可破的观点,即"先说往往先死"。聪明的中国人,会努力避免优先对主要论题发表意见,以免自己亮明观点后,遭受来自四面八方的否定。

中国人普遍认为世间的道理多是正反相对的,针对任何事情都可以公说公有理,婆说婆有理。因此,优先发表意见的人,如果说得面面俱到,很可能会被评价为没有自己的立场;如果说得片面,在大家存心为难他的情况下,只要有人立刻把另一面的道理说出来,他就很难招架,既难过,又难堪。

避免"先说先死"的唯一办法是努力做到"说到不死",有这种能力的人不仅可以有话便说、不怕先说,而且可以处处争着说。不过,这种人并不多见,导致中国人见面时常喜欢说一些看似没用的话，不直接谈正事。

◇ 分析二

中国人的沟通行为的第二个特色是"面对疑问，如果情况不够明白、问话不够清楚，会经常给出有些含糊的答案"，这是为什么呢？因为中国人的警觉性很高，而且怕吃亏，面对不知是利是害的情况，喜欢用含糊的回答趋利避害。

个案一中，王五询问李乙"你的脚痛？"时，李乙的反应是很典型的中国人的反应——立即提高警觉，思考对方为什么要这样问，并告诉自己：在弄清楚是答"痛"有利还是答"不痛"有利之前，最好给个含糊的答案，给自己留下进退自如的余地。于是，李乙回答的是"还行"。相信给出这种回答后，李乙会很诚恳地期待王五说清楚问话的意图，以便他进一步给出更正确、更明白的答案。

◇ 分析三

含糊地回答问题，除了能保护自己不受伤害，还能体面地表达内心的抗议，获得"抗议了但不会让对方丢面子"的效果。举个例子，如果当众询问一位西方人："昨天下午3点到4点之间，你在做什么？"西方人可能会直截了当地回答："这是我的私事，请尊重我的隐私权，不要过问。"如果当众用同样的问题询问一位中国人，就算这个中国人心里有同样的想法，他也不太会直截了当地有话直说，更可能含糊地回答："昨天下午？没什么，不记得了。"潜台词是"你怎么可以当众问我这种问题？要问也请私下问，我可能会告诉你"，或者"你问我这种问题，究竟想做什么？你先说清楚，我再决定是否告诉你"。

◇ 分析四

"含糊"这一技巧不仅可以用来回答问题，还可以用来提问。生活中，中国人常通过问一些含糊的问题来旁敲侧击、刺探情报，比如，见面时问对方"吃过饭没有？"，往往有试探对方的心情好坏的功能。中国人知道，沟通前，明白对方的心情是否有利于沟通很重要，但开门见山地问对方"你现在的心情好不好？愿不愿意和我进行意见交流？"很难得到真实的答案，此时，配合生活需求，用"吃过饭没有？"开启对话，能获得一些有关对方心情状态的信息。

王丙回答"跟你有什么关系？"，明显心情不佳，李乙立刻就可以判断出此时不宜与王丙沟通。换一个情境，如果王丙心平气和地回答道："刚刚吃过。"或者热情地回答道："我吃过了，你呢？"那么，李乙可以判断出王丙的心情不错，适合沟通。

有些人认为自己很正直，表现为有话便明说，殊不知自己处处伤人，早已被身边人敬而远之。说含糊的话，未必等于不正直。只要遵循"我不说谎，但是有时会含糊表述，以保护自己和别人"的原则，正直、诚恳的人照样可以使用"含糊"的技巧维护和谐的人际关系，达到有效沟通的目的。

◆ 分析五

中国人的沟通行为的第三个特色是"承诺有时可以不认账，说话有时可以不算数，甚至面不改色地否认"，因为中国人最会随机应变、适时调整自己的观点和态度。

提起这个特色，几乎所有人都恨得咬牙切齿。然而，痛恨别人不守信是一回事，自己会不会有类似的举动是另外一回事。当自己身处众寡悬殊的情境时，纵然坚信自己是对的、有理的，大多数人也不敢公然提出异议，否则，不是被多数派压下去，便是被视为叛逆分子，于己不利，就算有幸独排众议、脱颖而出，也难保不会被记恨。因此，当众保留意见，事后强烈反对，或者当众表示支持，事后反悔成为权宜之计。站在自保的立场上看，有时无可厚非，并非不诚信。

说 明

因为中国人的沟通行为有以上三大特色，所以，和中国人沟通要非常小心、用心，必须根据中国人的沟通行为的特色制定相应的对策，力求获得圆满沟通的效果。

针对中国人的沟通行为的第一个特色，我们必须谨慎地说第一句话，用诚恳的语气帮助对方放下戒心，让对方了解我们没有敌意。对方放松下来，双方才更容易顺畅地交流。若第一句话没有说好，让对方觉得自己可能会吃亏或者丢面子，对方很可能会尝试躲避或溜走，如此一来，沟通的气氛不对，结果不可能圆满。

正确的沟通状态是由沟通的主导者提出沟通方向及大致构想，随后让开一步，把空间腾给沟通的参与者，让沟通的参与者自在地说出各自的意见。沟通的主导者用"真诚听取"代替"咄咄逼人"，用"归纳众意"代替"我意已决"，更容易获得顺畅、有效的沟通。

针对中国人的沟通行为的第二个特色，我们应该明白，在中国人的沟通中，"听"不是最重要的，"看"才是。换句话说，只有抓住中国人的"言外之意"，才能够在含含糊糊的情况下获得清清楚楚的情报，并给出合适的反应。

如果含糊的表述背后真的有清楚的用意，那么，听不懂或者看不透的人非但不应该指责对方，还应该调整自己，用心体会对方的本意。

有些中国人会取笑听不懂话的人："我说得这么清楚，他居然还没听懂！"若我们追问道："既然他还没听懂，为什么你不说得再清楚一些？"这些中国人大概会回答："我不敢说得更清楚了，因为担心他会受不了！"

说者是好意，听者却毫不领情，岂不是辜负了好人心？

作为中国人，最好努力提高自己的聆听能力、理解能力，只知道埋怨别人，不知道自我检讨的态度不值得鼓励。

中国人的沟通行为的第三个特色有让人恨的一面，也有应该获得理解的一面——大丈夫能屈能伸，情况于己不利时，暂时委屈一下，待时机到来，尽雪前耻，请问有什么不对？应该说，只要一切合理，不以多数压制少数，不故意欺凌弱者，中国人是不会轻易反悔、不认账的。

要　则

◎ 中国人的沟通行为往往有"互相尊重，承认双方各有50%的道理"的特点。实际沟通中，弱势的一方先陈述自己的意见，强势的一方再公正地给予合理的建议，双方更可能完成高效的沟通。

◎ 沟通时，大家最好都站在制度支持的范围内衡情论理，以情为先，尊重对方的意见，寻求合理的解决方案，实在无法达成协议时再翻脸论理，甚至依法执行。"论理"是沟通即将破裂时的权宜措施，以免越闹越僵，难以收拾。

◎ 听不懂中国人的话、看不懂中国人的行为的人，很可能会反感中国人的沟通方式，认为中国人口口声声仁义道德，实际上既不诚恳，又缺乏应有的礼貌。对这些人来说，应该尝试努力了解中国人沟通中的真正用意，一方面调整自己的态度，另一方面理解对方的苦衷，以促进良好的沟通。

心 得

请写下您的阅读心得。

上下界限

个 案

业务沟通会上，王甲发表了他对 A 供应商的看法："我对 A 供应商没有深入的了解，但觉得在这么多年的合作过程中，A 供应商没有出过什么差错，是相当不容易的。"

会后，王甲在办公室里单独面对采购部的李经理时，完全改口道："我十分了解 A 供应商，他们有财务方面的困难，产品的品质也不太稳定，为求安全，我们最好改向其他供应商采购。"

李经理见王甲在不同场合说的话前后矛盾，便不客气地问他："你对 A 供应商的了解到底有几成？"

王甲回答："我十分了解 A 供应商，但在会上，我不方便说得太明，因为很可能会得罪人。对您，我不敢隐瞒，涉及采购这种重要的事，我当然要说实话。"

问题一：针对同一人、同一事，王甲为什么能自如地说出互相矛盾的话来？

问题二：人与人之间，到底是应该"事无不可对人言"，还是应该"逢人只说三分话"？

问题三："人"不对时，应该如何沟通？"时""地"不对时，又应该如何沟通？

问题四：如何将"事无不可对人言"和"逢人只说三分话"这两个原则融合得恰到好处？

问题五：坚持"事无不可对人言"和"逢人只说三分话"这两个原则，各有什么利弊？

请把您的高见简要地写下来。

分析

◈ **分析一**

中国人一向主张"事无不可对人言",理由是大丈夫敢做敢当,凡事既然敢做,就不怕被别人知道,何况若要人不知,除非己莫为,直截了当地把事实说出来有何妨?

不过,与此同时,中国人还主张"逢人只说三分话",理由是知人知面不知心,有些防人之心总是没错的,以免祸从口出。

中国人之所以常在沟通中立于不败之地,正是因为能够自如地说出互相矛盾的话来,使人找不到攻击点。

◈ **分析二**

有人问,如果坚信"事无不可对人言",怎么可能"逢人只说三分话"?如果以

"逢人只说三分话"为行为准则，又何谈"事无不可对人言"？这两者究竟应该如何取舍？

很简单，"事无不可对人言"是沟通的上限，而"逢人只说三分话"是沟通的下限。

具体而言，沟通的最高境界是充分交换意见，双方都秉持"事无不可对人言"的态度，才可能达到这一境界。需要注意的是，"事无不可对人言"的意思不是"必须将一切说出来，丝毫不能有所保留"，在有"事无不可对人言"的信心的基础上，最好兼顾"逢人只说三分话"——不必说的、不该说的、说了会徒增困扰的话，都不说。换句话说，"无不可"的意思是"一切都可"，包括"可以不说"。

有取舍地说，并不是不诚实，因为我们并没有欺骗他人，也没有歪曲事实。合理地对沟通内容进行取舍，不仅不会影响沟通的品质，还可能优化沟通的效果。

记住，不应该说而说，是一种失言的表现；不应该说就不说，则是具有良好修养、诚意沟通的表现。

◆ 分析三

沟通必须关注"人""时""地"的正确性，"人"不对，不应该贸然沟通，否则很可能惹是生非，徒增沟通的麻烦；"时"不对，也不应该贸然沟通，否则不仅有可能白说很多话，还可能产生意料之外的后遗症；"人"与"时"都无误，但"地"不对，同样不应该贸然沟通，比如，可能勾起对方不良回忆的地方、有无关人员在场的地方，都是不对的"地"，贸然沟通，可能弄巧成拙。

尝试进入沟通状态时，应该先说三分话试探一下对方的反应。如果"人"不对，立刻停止深谈，以免祸从口出；如果"人"是对的，但"时"或"地"不对，应该易时、易地长谈，展现双方的默契。

◆ 分析四

沟通的时候，应以"逢人只说三分话"中的"三分话"为投石问路的工具，不断调整自己的沟通状态和内容，以求达到"事无不可对人言"的境界。

需要明确的是，"逢人只说三分话"中的"三分话"应该是不触及重要沟通内容的话。针对这一点，双方必须达成共识，才不会徒增误会。

❖ 分析五

做到"逢人只说三分话"，能够避免给自己招来祸患。举个例子，若你身携巨款，且毫不在意地认为此事"无不可对人言"，万一招来谋财害命的歹人，请问该如何保命？那时才明白"只说三分话"的重要性恐怕已经来不及了，就算最后侥幸财去人安，大概也会懊恼许久！由此可见，如果"逢人只说三分话"是为了欺瞒他人，甚至歪曲事实，不是正当的行为，但如果是为了安全、为了有效沟通，非但无错，而且值得提倡。

若能做到"事无不可对人言"，所作所为必然十分坦荡，但是，如身携巨款的实例所示，坦荡的所作所为也不是应该不分时间、场合地告知所有人的，否则很容易给自己招来祸患。

说 明

为了有良好的沟通效果，沟通时，我们最好合理使用以下3个沟通技巧。

第一，沟通双方都以"逢人只说三分话"为沟通开端，顺利的话再加快脚步，提高沟通的效率。使用这一沟通技巧的重点是沟通双方都要摒弃"讨厌对方只说三分话"的心态，更不能在自己只说三分话时希望对方无所不言，存心让对方吃亏。

第二，沟通双方都对"人""时""地"的正确性加以关注，在发现"人"不对时果断地停止沟通、在发现"时"或"地"不对时默契地另寻沟通良机。使用这一沟通技巧的重点是沟通双方有共识、有默契、有诚意，能够互相退让以求合理。

第三，沟通双方都要抓住沟通重点，避免节外生枝。使用这一沟通技巧的重点是沟通双方能够在经过试探，确认了"人""时""地"均无误的基础上做到"事无不可对人言"，直接沟通重点内容，并适可而止，不无限地扩展沟通内容的外延，以免节外生枝，影响沟通效果。

对中国人来说，从"逢人只说三分话"到"事无不可对人言"，作用力最大的是"情"的交流。真正有较强沟通能力的人懂得要站在不说的立场上说，以免乱说，说得伤人或害己。总之，遇事先想"可不可以不说"，再思考"怎么说最合理",才是沟通的良好态度。

要 则

◎ 中国人若对同一个人、同一件事有两种互相矛盾的意见,一般会说出其中一种意见,将另一种意见放在心里。会听话的人,会同时关注这两种截然不同的意见。

◎ 一般而言,中国人说出来的意见是参考意见,放在心里的意见才是真正的意见。不过,这只是常见规律,不是普遍规律,有时候刚好相反,听者必须用心斟酌、具体情况具体分析。

◎ 综合考虑互相矛盾的意见,可以提高所接收的信息的正确性。必须把握好的度是无"过"与"不及"。

心 得

请写下您的阅读心得。

要用看的

个 案

某天，王某谈生意回来后向总经理报告："合作方的刘经理送我 1 万元的红包，我没有收，告诉他只要价格实在、品质合乎标准，且能如期交货，我们一定会长期采购他的零件，用不着给红包。"王某年轻，态度诚恳，报告此事后特别请示道："我这样说，对不对？"

总经理拍了拍他的肩膀，欣慰地肯定了他。一个人廉洁自持，不贪非分之财，显得格外可爱。此后，总经理非常器重王某，更加放心地把对接重要合作方的采购工作交给他做。

不久后，李某也向总经理报告："合作方的朱经理要送我 1.5 万元的红包，我拒收了。像朱经理这样的人，我们以后还是少来往为妙。"

总经理笑了笑，说："不收他的红包就可以了，何必拒绝来往呢？"

问题一：很多人觉得中国人很随便，似乎想怎样便怎样，没有一套明确的、共同遵循的游戏规则。像总经理这样做，对行为类似（拒收红包）的王某和李某有不同的回应和态度，究竟对不对？

问题二：为什么中国人更喜欢"看"对方怎么说，很少仅"听"对方说什么？难道交流是用"看"的，不是用"听"的？

问题三：要想"看"对方怎么说，究竟怎么看？

问题四：看不到说话者说话的表情时，如何正确感知说话者的真正意思？

问题五：总经理对王某和李某的判断（信任王某，加以重用；对李某不冷不热）正确吗？会不会因为误判导致后遗症的出现？

请把您的高见简要地写下来。

分 析

◈ 分析一

如果询问总经理他是不是认为王某的报告是真实的，而李某的报告很可能是编造的，总经理大概会回答："那倒未必！"

王某的报告有两种可能性，一种是真实的，即刘经理真的要送他1万元的红包，而他义正词严地拒绝了；另一种是编造的，即刘经理并未要送他红包，他编造此事的目的是塑造自己的可靠形象，以便总经理更加信任他，放心地让他承办采购工作。

李某的报告同样有以上两种可能性，他和王某不同的是，在报告朱经理试图送红包之事外，提出了少与朱经理来往的建议。

有人好奇，总经理是不是认为李某的建议太激进，才不愿意重用李某？如果如此问总经理，想必总经理的答案依然是"那倒未必"。

这就奇怪了，既不是根据二人说的话判断二人的对错，又非对某个人有成见，总经理的行为依据的究竟是什么？总经理可能会说："我也不知道。"但我们可以猜出答案：总经理的行为依据的是他看出来的、感觉到的东西，而不是他听到的话。

对行为类似的两个人有不同的回应和态度，其实无所谓对错，因为当事人感觉到的，往往比旁观者看到的、听到的多。

◆ **分析二**

中国人常说"看他怎么说"，很少说"听他怎么说"，这是为什么呢？当中确实有一些奥妙。

中国人主张话不能"听"，并不是说所有的话都不要听，而是主张大家站在不听的立场上听，以求听得恰到好处、不吃亏。注意，千万不可以过分解读，否则什么话都不听，变成站在不听的立场上不听，为反对而反对，往往会吃大亏。

完全不听不好，完全听也不好，因此，中国人会用"看"来辅助，努力地"看他怎么说"。既认真听对方说的话，又关注对方说话的样子，综合判断后决定是否相信。

事实上，西方人也有类似的主张，认为人的行为会比语言更准确地暴露其内心的想法。

西方人的行为大多比较直爽，甚至到了夸张的地步，中国人不需要用太多的时间、精力，就能够看出西方人在想什么。相对而言，为求立于不败之地，中国人的行为往往比较含蓄，不容易被观察透。因此，交流时，中国人更喜欢"看"对方怎么说，重视"看"甚于"听"。

◆ **分析三**

怎样"看"对方怎么说？关注对方说话时的表情很重要。

说话时，表情往往能直接地反映一个人的情绪。人类的五官中，眼睛最敏锐，也最诚实，心念正，眼睛就明亮，心念不正，眼睛就昏昧，人的正邪，哪里藏得住呢？

脸部肌肉的活动，特别是眼睛和嘴巴周围的肌肉的活动，往往能真实地暴露一个人的情绪。一般说来，人欢喜的时候，眼睑会上扬，眼角会出现细纹，且嘴巴会微张，露出上排牙齿，嘴唇会向后方伸展；愤怒的时候，眼睛会睁得比平时大，且双眉会聚拢，鼻翼会扩张，嘴巴会拉长、拉宽，露出下排牙齿，嘴角会下垂；悲哀的时候，眼睛会部分或全部闭上，且双眉会聚拢下垂，嘴巴会微张，下嘴唇会有些颤抖；恐惧的时候，眼睛会睁得比平时大，且眉毛会上扬，鼻翼会扩张，嘴巴会张开，同时嘴角下垂；厌恶的时候，眼睛会微眯，且双眉会微皱，鼻翼会扩张，嘴角会下垂，同时下唇微凸出……

举个例子，工作中，上司说了一句"你看着办吧"，如果下属没能同时看到他的表情，很难判断他的真正意思。配合愤怒的表情，这句话的意思是"我希望你提高警觉，不办比较好"；配合厌恶的表情，这句话的意思是"反正这件事没有办好的希望，你自己看着办就行了"；配合高兴的表情，这句话的意思是"你的想法很好，看情况自己处理即可"；配合悲哀的表情，这句话的意思是"事到如今，一切都完了，你视情况善后吧，反正没有什么差别"；配合恐惧的表情，这句话的意思则是"事情紧急，你比较了解情况，自行处理吧，我无法给出明确的指示"……

◈ 分析四

电话交谈时，我们看不到对方说话时的表情，但是通过关注对方的说话状态，也可以正确感知对方的真正意思。

首先，要关注对方的语量。平常沉默寡言的人话很多，或者平时话多且密的人吞吞吐吐，给人很不自然的感觉，说明其心中多半藏着秘密。

其次，要关注对方的语速。语速较平时慢，说明心中怀有不满；语速较平时快，说明在说谎，或者心中怀有愧疚。

再次，要关注对方的语调。由于害怕谎言被拆穿，人在说谎时，语调通常会不由自主地上扬。同时，提出反对意见时，语调也会上扬。

最后，要关注对方的说话节奏。信心满满时，说话的节奏比较稳；缺乏自信时，说话容易打磕巴。

此外，还有一些特点值得关注——习惯在对话中复述对方的话的人，可能是极为认真的人，也可能是反应较慢的人；喜欢自问自答的人，多半相当顽固；不轻易发表意见的人，往往非常谨慎、多疑。

◆ **分析五**

总经理的判断,既可能是正确的,又可能是错误的,不好说。

我们在评判一个人时,最好反复提醒自己:不同人的观念不同,平日必须多沟通,先把对方的三观了解清楚再下结论。否则,把坏人当成好人或者把好人看成坏人,不仅自己吃亏,还很有可能导致更多后遗症的出现。

说 明

中国人的警觉性普遍很高,向来推崇"衣不如新,人不如故",因为故人相处得较久,一切习惯都了解,比较容易把握情绪、看出变化,相处起来比较放心,而新人相处得时间短,互不了解,不管是"看"他怎么说还是"听"他怎么说,都很耗费心力。

但不管是故人还是新人,相处时都要以诚为本。待之以诚,对方更可能投桃报李。若待之以不诚,对方察觉后同样以不诚待我们,就算我们善于听话、精于"看"话,恐怕也难逃被骗的厄运。

要 则

◎ 先听那句听得见的话,再看那层听不见的意思,把两者结合在一起想,给出恰当的反应,比较妥当。

◎ 听话很简单,揣测比较困难,能领悟到没有被说出来的意思,成为会沟通的人,才令人佩服。

◎ 过分揣摩,容易成为圆滑、狡诈的人,揣测到合理的程度,才是正人君子。生活中,我们不能不揣测别人的话外之意,因为防人之心不可无;但也不能过分揣测别人的话外之意,因为害人之心不可有。

心　得

请写下您的阅读心得。

不说好话

个案

公司规定，去国外出差可以预支差旅费，意在减少员工垫付的费用，乃安人的良好措施。

王君是一线员工，好不容易盼到一次去美国出差的机会，难掩内心的喜悦，小心翼翼地请教可以预支的金额并妥当地办好了相关手续。拿着预支的新台币，购汇成美元旅行支票，王君对公司充满感激。

如期回到公司后，王君一边写报告，一边谈见闻，也没忘及时结报出差费用，万事妥当。

李君身居要职，经常在海内外飞来飞去，去国外出差并不是罕事。李君习惯交代秘书代办差旅费预支手续，而出差回来后常说自己天天忙碌，没空梳理，迟迟理不出开支的单据，使得秘书无从代办结报，导致相关事宜一拖再拖。财务人员见他经常有预支无结算，会三番五次地好言相催，但总是只得到一句"忙啊！忙得没有时间"，头痛不已。

类似李君的个案屡见不鲜——预支得及时，结报时却不见人影，偶尔被催问，欠款者还颇不耐烦。一般来说，越是身居要职的人，越常这样做，说他有意利用特权，他一定满口否认；说他完全没有手握特权的优越感，好像并不属实。

问题一：出现类似李君的个案，是公司的管理出了问题吗？中国人，究竟重不重视制度呢？

问题二：面对同样的制度，王君和李君为什么有不一样的行为？

问题三：一切制度都必须完善得十分周密吗？做得到吗？

问题四：公司出台相关规定时，是否应该同时明确预支差旅费的手续和逾期不结报的惩处办法呢？

问题五：实在无法与李君沟通时，财务人员可以用什么方法解决逾期结报的问题？

请把您的高见简要地写下来。

分 析

❖ **分析一**

严格地说，个案中的问题不应该属于管理问题，而应该属于制度问题。不过，制定制度是管理的要项之一，说个案中的问题是管理问题，亦无不可。

有人认为中国式管理不重视制度的制定与执行，其实是一种误解。凡是管理，不可能不制定与执行制度。不过，中国管理者更明白"管理不可以无制度，但完全的制度化管理不是最好的管理"这一道理，因为只考虑制度，不考虑人性，是无法获得人性化管理的良好效果的。

❖ **分析二**

王君是一线员工，预支差旅费需要经过层层审批，且必须事事自己处理，相关制度对他来说是非常明确且完备的。王君按制度要求及时预支与结报，方便了自己，也方便了财务人员，双方合作愉快。

李君身居要职，时常有类似的差旅需求，预支差旅费的流程比王君简略得多，且李君有秘书协助办理相关事宜，制度对他来说势必很陌生。因为职务有高低之别，财务人员催李君结报差旅费时常常说好话，更显得制度形同虚设。

◆ 分析三

制度周密，确实可以减少很多管理上的麻烦，但是，并不是说一切制度都必须完善得十分周密才能实施，因为这不仅不可能做到，还有造成负面影响的隐患。

公司刚成立就制定一大堆制度，是缺乏实质意义的。举个例子，若公司的出差事项完全限于国内，却制定了很多与去国外出差有关的制度，会不会引起员工关于"制度究竟为谁而制定"的猜测？如果以要有前瞻性为理由，那么，是不是要将与去月球出差有关的条文也列入现有制度？就算要有前瞻性，也不能没有限制的一味增设无用的制度。

再举一个例子，若公司内只有总经理需要出国考察、拓展业务，有没有必要制定相关制度？如果制定了相关制度，给出了优于在国内出差的补助，大家会不会愤愤不平、议论纷纷？相关情况，作为个案处理是不是更好？

完善制度与完善个案是截然不同的，完善制度，一方面要考虑实际需求，另一方面要关注其普适性，完善个案则简单得多，注意不要将个案变成通例即可。

◆ 分析四

公司出台相关规定时，是否应该同时明确预支差旅费的手续和逾期不结报的惩处办法呢？我们认为既不可能做到，又没必要这样做。为什么说不可能做到呢？因为任何制度都不可能在制定之初就把实施过程中的种种可能出现的情况想全并逐一补上所有漏洞。为什么说没必要这样做呢？因为任何制度的出台都有利有弊，一开始就针对出差人会久久不结报差旅费的可能性明定惩处办法，是防弊心态的表现，在"防弊重于兴利"这一观感的影响下，员工很容易产生公司处处把自己当坏人防的负面情绪，从而影响工作状态。

如果出差人都和王君一样，回国后迅速办理差旅费结报，那么公司根本用不着规定得那么不近人情。就算出现类似李君的拖延事件，公司也不需要立刻完善制度、增列惩处办法，财务部门可以将类似的事件视为个案，用特殊的方法与之沟通，合理解决相关问题。

❖ 分析五

实在无法与李君沟通时，财务部门可以在非公开的场合向人事部门提出在制度中增加逾期不结报预支差旅费的惩处办法的建议，比如"出差人必须在出差结束后的10个工作日内结报预支差旅费，若逾期不结报，财务部门可以直接用出差人的薪资抵扣其预支的差旅费"，让人事部门伺机向总经理提出相关建议，避免有心人认为财务部门的行为唐突且怀有敌意。这样，财务部门有制度可依，就用不着向逾期不结报预支差旅费的人说好话了。

如果总经理决定亲自出面劝李君及时结报相关款项，问题得以解决后，财务主管最好主动与李君沟通一次，向李君说明实际工作中的困难，并感谢李君的理解与支持。如果总经理决定采纳建议、完善制度，财务部门则可有理有据地依制度办理抵扣，并借制度的完善优化相关工作的推进流程。

财务部门需要注意的是，就算有了制度的支持，也最好不要未经沟通便完成抵扣操作，仍然应该适度沟通，以求圆满地解决相关问题，不失人情味。

说　明

遇到问题，视对方的身份、地位不同，选择不同的沟通态度、使用不同的沟通方法，此乃人之常情，并不代表不公平，而是较公允、切合实际的"合理的公平"。

制度备而不用，执行时稍微灵活一点儿——处理与个人利益密切相关的事情，特别是涉及人事问题和财务问题的事情时，遵循这一原则往往会获得意想不到的良好效果。

面对不同的人，灵活的程度不同，这是很容易引起争议的处事难点。但是，不谈人性化管理则已，要谈人性化管理，就不能像切豆腐一样，一刀切一条直线。表面上看，一刀切是一视同仁的表现，仔细想想，齐头式平等未必有利于日常管理。

轻重分寸，需要因人、因时、因事，合理把握。

要 则

◎ "说好话"与"说妥当话"截然不同，前者是生怕得罪对方，不得不勉强自己说一些对方爱听的话，含有讨好对方的意味；后者则是说对方能听得进去的话，有助于双方建立良好的沟通关系。生活中，我们应该少说好话、多说妥当话。

◎ 如果说妥当话未能解决问题，要善于利用制度（包括对制度进行合理的修订），使自己有法可依。说好话不是彻底解决问题的高效途径。

◎ 有制度可以遵循，但不主动用制度压制对方，先说妥当话来促使对方改变解决问题的态度，这是可选择的解决问题的流程。

心 得

请写下您的阅读心得。

第五章

人我的分寸

导　言

在人我之间拿捏好分寸是相当困难的事。常见的做法，无外乎遵循以下四大原则。

原则一：弄清楚对方是谁。

中国人认为有人才有事，且事在人为，因此很难对事不对人，常把人和事混为一谈。在中国，听到一句话，如果不知道是谁说的，往往很难分辨这句话究竟是对还是错、是真还是假。按照中国人的习惯，遇事喜欢问"谁说的？""谁决定的？""谁做的？""谁告诉你的？"，可见弄清楚对方是谁，乃拿捏人我的分寸的第一步。

中国人善于区别对待身边的人，即用不同的标准对待不同身份的人。"老吾老以及人之老，幼吾幼以及人之幼"的推己及人精神，往往会结合"是谁"来起作用。

原则二：小心才不会上当。

西方人习惯向外求，用约束他人来防止自己上当；中国人习惯向内求，用倍加小心来提防自己上当。有些人很少去笑话骗人的人，不可与人言的是其内心多少有些羡慕："你怎么如此有办法，能一下子骗到这么多钱？"这些人大多会去笑话被骗的人："你怎么如此不小心？"在"被警察请去（做笔录）"和"被人笑话"之间，很多人更害怕被人笑话，因此，大家会互相告诫："小心，不要上当！"

一方面，中国人推崇"不二价"；另一方面，中国人爱说"货比三家不吃亏"。事实上，我们的行事作风更偏向后者，而非前者。

原则三：凡事求自己合理。

中国人一向推崇合理解决问题。我们重视制度，却明白制度容易因僵化而显得不合时宜，因此，在制度允许的范围内，应该"权宜应变，以求其通"。什么叫"通"？标准是"合理"——合理变通，是大家都愿意看到的。

中国人向内求的行为，可以用"反求诸己"这一成语概括，大意为在要求他人合理之前，应该先要求自己合理。用自己的合理来影响他人，使他人合理，是中国人常说的"彼此、彼此"的具体表现。自己不合理，却希望他人合理，乃非分之想，希望落空时怨天尤人也是枉然；先保证自己合理，再期望他人合理，才是应有的态度。

原则四：当心"程咬金系统"。

对西方人来说，在正式组织之外，有非正式组织；对中国人来说，在正式组织、非正式组织之外，还有"程咬金系统"——常常出其不意地半路杀出，且杀伤力极强。如果能在做事时充分考虑"程咬金系统"，会安全得多。

中国社会的人际关系比较复杂，在你与我之间，有他或她的干扰。实际工作中，我们除了需要考虑看得见、想得到的你、我、他，还需要小心关注看不见、很难想到的你、我、他，即"程咬金系统"。因此，考虑周到，是中国人拿捏人我的分寸的必要条件。

拿捏人我的分寸，没有固定的模式或标准，可以说是因人而异、因事而异、因地而异、因时而异的，是变动的。先弄清楚对方是谁，小心翼翼地避免上当，再自求合理，并充分考虑可能起作用的"程咬金系统"，如此做事，最为安全。

弄清楚对方是谁

个 案

杰克是美国人，有一天，主管告诉他，他将某件事情做错了，杰克听后立刻去查看自己是不是真的做错了事，是即承认错误并道歉，不是便向上申诉。

老李是中国人，听到别人说他做错了事情的传言后，他并未忙着查看自己到底有没有犯错，而是更加关心是谁说他做错了事情。如果说他做错了事情的人是他的上级，他的反应大概率是错了就承认，没有错则保持沉默；如果说他做错了事情的人的职级和他一样，他的反应大概率是积极地去找对方的错，以证明"就算我有错，你也不全对"；如果说他做错了事情的人的职级比他低，他的反应则大概率是有意无意地给对方找找碴，让对方不得安宁！

问题一：中国人没有是非观念吗？为什么不能像美国人一样，有错即承认错误并道歉，没有错便勇于申诉呢？

问题二：中国人为什么格外在意"是谁说的"？

问题三：很多人格外重视面子，比如老李，会因为被同级或下属挑错而非常气愤。从管理的角度看，可能会产生哪些影响？

问题四：下属因被上司冤枉而据理申诉，可能会面对哪些情况？

问题五：杰克为什么只关注事实，不关注是谁说的？

请把您的高见简要地写下来。

分 析

◈ 分析一

中国人没有是非观念吗？事实绝非如此。但在很多情况下，中国人很难像美国人一样，有错即承认错误并道歉，没有错便勇于申诉。我们用模拟法加以说明。

如果个案中的老李用西方行为模式行事，被主管错怪后立刻反查，发现自己并没有犯错，于是据理力争，提出申诉，他的主管会不会接受他的申诉呢？多半会接受，因为事实不容抹杀。但是，主管身为上司，竟然失察，还被当场揭穿，难免觉得没有面子。

中国人都知道，使一个人觉得没有面子，吃亏的往往不是对方，而是自己。

老李的主管觉得没有面子，势必会尝试找回面子，比如用心寻找老李的差错，坐实老李的工作确有不妥这件事。

人非圣贤，孰能无过？被刻意找碴，老李付出的代价或许会比当初不申诉还大。

◈ **分析二**

面对被指责犯了错这件事，中国人往往格外在意"是谁说的"，因为如果是上司说的，最好的处理方法是保持沉默，一句话都不说。

难道中国人甘愿背黑锅吗？并不是。这样做是因为中国人普遍有一种心态——指责某人而对方居然不辩解时，内心会犯嘀咕："这个人为什么不辩解？事情是否有其他内幕？"

有疑惑，就会进一步了解，更容易意识到自己错怪了对方。作为上司，自己发现自己错怪了下属后的举动大概率是立刻叫被冤枉的下属过去"指责"一番："你没有错，要说呀！为什么不说呢？"虽然听起来是指责，但心里通常是感激，因为对方没有在被冤枉时不依不饶地辩解，没有让自己丢面子。

这时候，作为下属，如果说："是啊，我本来就没有做错！"此事会以双方对抵、互不相欠结束；如果说："没关系啦，还是有些做得不够妥当的地方！"日后必然更受上司器重。

职场上，为什么有人平步青云、节节高升，有人却怀才不遇、难被提拔？原因在细节处。

这些小心思会不会影响工作的正常推进？我们不敢说全然不会，要承认，人是有情绪起伏的，不可能完全理智。管理者也是人，做事必然会受印象、好恶等主观因素的影响，工作中，不能不考虑这一点。

◈ **分析三**

中国人重视面子的行为，可以从好、坏两个方面入手解读。

从好的方面解读，重视面子乃重视荣誉的表现，管理上的若干措施之所以能够获得良好的效果，正是因为人有荣誉感。否则，奖他无所动，惩他无所感，设置奖惩有何用？

从坏的方面解读，重视面子乃爱慕虚荣的表现，如果爱面子爱到不要脸的程度，就是本末倒置的行为。"面子"是"情"，"脸"是"理"，中国人以理为本。换句话说，合理地重视面子是非常重要的，一旦过分，势必弊大于利。

管理者的好恶，只要合乎正道，即好恶的标准合理，便无可厚非。好恶本身，是免不掉的。

❖ 分析四

下属因被上司冤枉而据理申诉，可能会面对的情况至少有以下 4 种。

第一种情况，上司有意颠倒是非，存心冤枉下属。这种情况极少出现，因为是非终有水落石出的一天，存心颠倒是非会使自己名誉受损，作为上司，实在没必要这样做。若真的出现这种情况，足证上司与该下属已经水火不容，此时申诉也没有什么实质作用。奉劝身处此境的下属能走则走，不能走便以忍耐为佳，择机再走。

第二种情况，上司比较迷糊，是非分不清楚，有时以是为非，有时则以非为是。既然上司很迷糊，下属有什么申诉的必要呢？反正说得再对，都可能被斥之为非。既然于事无补，不如安静下来，认真做事，精进自我。

第三种情况，上司是非分明，但因为太分明了，有些刚愎自用，凡事再三查证才定是非，而一旦定了是非，别人说什么都不会更改自己的判断。遇到这样的上司，下属再怎么申诉都没有用，只能寄希望于上司自己发现问题。

第四种情况，上司无意于颠倒是非，只是偶尔出现判断失误。这种无心的过失是应该获得谅解的，作为下属，没有必要让上司难堪，此时，用沉默提示上司此事有误，给上司自行纠错的机会会更好。

❖ 分析五

原因一：美国人习惯对事不对人，更重视事实本身。

原因二：美国人习惯依法行事，比较容易分出对错。

原因三：对于事情的对错，美国人的看法比较容易取得一致——合法的就是对的，不合法的就是错的，一般不会有争议。

因此，美国人有错就承认并道歉，没错便向上申诉，简单明了。

说　明

申诉时，态度很重要，若把握不好分寸，很容易成为顶撞，这是很多主管难以忍受的。

很多人说，既然如此，申诉时的态度缓和一点儿不就行了吗？话虽如此，但缓和到什么程度合适呢？同样的态度，很可能对李主管而言已经够缓和了，对马主管而言还不够，仍被认为声音太大、态度不佳。那么，应该怎么办？很多中国人选择在确有错误时勇敢承认，在被冤枉时沉默不语，用最无争议的方式表现最强硬的申诉。

如果上司不主动进一步核查，是上司的错，他存心如此，下属即使申诉了也是鸡蛋碰石头，毫无作用。

换一个情境，为什么说老李做错了事情的人的职级和老李一样时，老李会积极地去找对方的错，以证明"就算我有错，你也不全对"呢？这不是面子问题，也不是心胸狭窄的表现，究其原因，老李很可能会说："他是我的同事，发现我犯了错，为何不当面指出？如果当面告诉我，就算我一时会有些不高兴，但只要他说的是真实情况，且出发点是为我好，我终究会心生感激。现在他不仅不当面说，还在背后到处说，怎能怪我不高兴？既然如此，我只好全力找找他的差错，同样宣扬一番，让他也尝尝这种滋味。"

再换一个情境，为什么说老李做错了事情的人的职级比老李低时，老李的反应大概率是有意无意地给对方找找碴，让对方不得安宁呢？对职位低于自己的人，大多数人行事时的顾虑较少，且带着"当年别人教了我，如今我也应该教教别人"的使命感，老李很可能是想通过给对方找找碴，让对方明白：有话最好当面说，不要在背后宣扬。

中国人常说守经达权，先问清楚是谁说的，再行定夺，这是一种"经"；如何应变，这是具体的"权"。

要　则

◎ 中国社会以人为主，中国人普遍认为有人才有事、事在人为。因此，中国人考虑一切事都离不开考虑人，进一步说，是离不开考虑人与人之间的关系。在这种传统的影响下，中国人听到一句话，会先问是谁说的；看见一件事，会先问是谁做的。

◎ 中国人重视伦理，十分关注人的身份、地位。看见或听说一个人，大家总会进一步追问是什么样的人，以便根据其身份、地位衡量两人之间的关系和相处模式。

◎ 先明确对方是谁，再衡量两人之间的关系和相处模式，这听起来有些势利，但只要把握好分寸，做到合情合理，就没有什么问题。

心 得

请写下您的阅读心得。

小心才不会上当

个案

第十信用合作社（简称"十信"）是一个规模庞大的机构，很多人会把自己辛苦赚来的钱存进十信，期待获得理想的利息。不料，十信将大家存放的钱贷出去后未能如期收回，形成了呆账，给存款人，即债权人造成了很大的损失。

十信事件爆发后，众多债权人心急如焚，联合起来讨债。电视台发现有热点新闻，纷纷派记者赶至现场进行采访，没想到摄影机一举，债权人们不是躲躲闪闪地回避镜头，就是用报纸把脸遮起来，拒绝曝光。

有美国人见状奇怪地问："这些人欠别人的钱吗？"

有人回答道："不是，这些人是被别人欠钱的债权人。"

"那就奇怪了，债权人为什么要躲镜头，怕别人看到他？"美国人有这种疑问一点儿都不奇怪，因为在他们的意识中，只有欠别人钱的人才应该把脸遮起来，被欠钱的债权人是没有见不得人的地方的。

问题一：如果美国人带着相关疑问向您请教，您会如何解释呢？

问题二：中国人和西方人对同样的事、同样的人的态度为什么会有这么大的区别？

问题三：要求他人不要欺骗与要求自己不要上当，哪个更安全、可靠？

问题四："小心，不要上当"是不是等于"不要相信别人"？

问题五：中国人是不是经常欺负弱者？上司和下属之间，在互相信任方面，持怎样的态度最合理？

请把您的高见简要地写下来。

分　析

◆ **分析一**

我们可以说:"我知道西方人见到这种事,多半会指责那些骗人的人,同情那些被骗的人,中国人不是这样,有时甚至会嘲笑那些被骗的人,比如'你看,叫你小心,你不听,现在上当了吧?损失惨重,对不对?'。如果这些债权人不躲开镜头,将来视频播放出来,他们难免会被指指点点。遇到这种事,已经够难过的了,为了避免被更多人笑话,当然要在镜头前遮住自己的脸。"

◆ **分析二**

虽然中国人和西方人对同样的事、同样的人的态度有很大的区别,但不管是中国人还是西方人,目的完全相同,都是遏制类似事件的发生。

西方人习惯向外求,遇到诈骗事件,大家会一致指责骗人的人,使其抬不起头来。因此,在西方社会,骗人的人往往会弯腰抱头,生怕被别人看到真面目。

中国人习惯向内求，不管遇到什么事都反求诸己，认为大家都小心些，不要上当，想骗人的人便无法得逞。因此，在中国社会，千万不要被骗，否则会被认为爱占小便宜，被人笑话。

西方人的想法、做法没错，只要大家一致指责骗人的人，便可以遏制部分类似事件的发生；中国人想得更多，认为求人不如求己，对应的做法也没错，毕竟反求诸己比约束别人更靠谱。

◆ **分析三**

假如有一个中国人坦诚地向大家提要求："请各位不要骗我，我很容易上当。"会发生什么？不想骗人的人，不管他说不说这句话都不会骗他，而那些想骗人的人，听到这句话，势必会把他当作目标——他很容易上当，不骗他骗谁？

若坦诚地提要求显得过分软弱，我们来点强硬的："请各位不要骗我，否则我就自杀！"会发生什么？想骗人的人大概会第一个骗他——既骗得了利益，又完全没有后患。

求人不骗很有问题，那么，给予警告可行吗？比如，大声说："请各位不要骗我，不然我会联合大家一起制裁你！"有没有吓阻作用？没有。联合大家？大家会听你的吗？被骗后，大家一起笑话你，你岂不是更难堪？

由此可见，要求自己不要上当比要求他人不要欺骗安全、可靠得多。

◆ **分析四**

"小心，不要上当"与"不要相信别人"完全不同！

中国人的阴阳思想讲究阴中有阳，阳中有阴，说的"不相信"中有"相信"的成分，说的"相信"中也有"不相信"的成分。完全相信或完全不相信是二分法的表现，阴阳思想最忌二分法，遵循的是无"过"与"不及"的原则。

上司应该相信下属吗？答案是"不可以相信，也不可以不相信"。

上司完全相信下属，万一下属成功地欺骗了他，大家一定会嘲笑他："你看，两三句话，把他骗得团团转！"

上司完全不相信下属，不敢交办事情，怎么开展工作呢？

下属应该相信上司吗？答案也是"不可以相信，也不可以不相信"。

下属完全相信上司，万一上司让他做违法的事情，导致他落得坐牢的下场，大家一定会嘲笑他："上司让你做你就做？难道他让你去死，你真的去死？"

下属完全不相信上司，不好好地配合工作，也是自讨苦吃的行为。

◆ **分析五**

中国人是不是经常欺负弱者？当然不是！

对于陌生人，中国人不会嘲笑，因为彼此没有关系；对于认识但交情不够深厚的人，中国人不会当面嘲笑，因为没有必要让彼此的关系变得糟糕；对于熟悉的人、关系好的人，中国人才不仅会嘲笑，还会当面嘲笑，目的在于让他长记性，从而痛下决心，日后小心着点儿，不要再次上当。

作为上司，只有自己小心、时时用心，才能正确判断下属的所言所行是不是合理。"疑人不用，用人不疑""害人之心不可有，防人之心不可无"……这些话都是中国人常说的，看起来互相矛盾，其实都是因时制宜的正确的话。

作为下属，只有自己小心、时时用心，才能正确判断上司的决策是不是正确。"可以相信的时候，跟着上司好好干；不可以相信的时候，千万不要盲目服从"，这是很多中国父母对子女的告诫。

说 明

人是群居动物，会合作，才能生存、进步。

相信别人是天经地义的事情，但是过分相信别人容易导致上当受骗也是不争的事实。

西方人习惯于向外求，用约束他人来防止自己上当；中国人习惯于向内求，用自己小心来提防不可信的人，这是长期以来形成的传统。随着时代的发展，如今的中国人能否发扬善包容的美德，在自己小心的同时尝试着用集体的力量约束他人呢？效果或许会更好。

虽然说防人之心不可无，面对骗局，自己小心是上策，但是，千万不要过分小心，以免多疑成性，错过真正的好机会。

要 则

◎ 正所谓"求人不如求己",要求他人不要欺骗,远不如要求自己提高警惕、不要上当安全、可靠。我们常说防人之心不可无,其底层逻辑就是万事小心、不要轻易上当。

◎ 站在不相信的立场上有选择地相信,才不至于轻易上当。对诈骗事件来说,施骗者与被骗者都有责任。

◎ 吃亏、上当的人,大多是喜欢占小便宜的人。不想上当,最有效的办法是切记不要贪小便宜。

心 得

请写下您的阅读心得。

凡事求自己合理

个 案

王君学历高、年纪轻、能力强，是现代精英，他的直属上司是我的大学同学，我们偶尔会见面聊聊，说不上有多熟，但起码可以叫出彼此的姓名。

有一天，王君和他的直属上司单独相处时，忽然想起了我，便随口问道："交大的曾教授，您认识吗？"

出乎他的意料，他得到的答案是"不认识"。

王君愣了一下，好在他反应够快，没有追问，而是自然地切换了话题。只是，因为早知道我认识他的直属上司，王君心里一直纳闷——难道我和他的直属上司之间有什么重大的过节？否则何以至此？

后来与我见面的时候，王君忍不住把这段问答告诉了我，并问我："这是为什么？"

"没有为什么。"我轻松地回答，丝毫没有意外或不愉快的感觉。

"他给出的答案实在令人困惑！"

"有什么值得困惑的呢？你回想一下他回答你时的表情和语气，就会明白他没有故意骗你，只是你未听懂他的真正意思。"

"这我就更不明白了！"他按捺不住，说了一些不满意中国人不够正直、不够坦白的话。

我劝他不要如此不成熟地进行评判，以免暴露"以不知骂真知"的浅薄。

问题一：王君的直属上司为什么说自己不认识（曾教授）？

问题二：如果我托王君帮我转送一些东西给他的直属上司，王君在转送之前先问了一句"交大的曾教授，您认识吗？"，他的直属上司照样回答"不认识"，该如何是好？

问题三：彼此坦诚相对不是更好吗？为什么要猜来猜去的？会不会影响工作

效率？

　　问题四：王君如此向他的直属上司提问的行为，合理吗？

　　问题五：中国人为什么十分重视反求诸己？

请把您的高见简要地写下来。

分　析

◆ 分析一

　　王君的直属上司为什么说自己不认识（曾教授）？我们模拟一个情境。

　　假设在王君问"交大的曾教授，您认识吗？"时，王君的直属上司非常诚实地回答："当然认识，我们是大学同学，偶尔会见面聊聊。"王君听了十分高兴，紧接着说："那真是太好了，我有一件事想找曾教授帮忙，麻烦您出面写封信或打个电话，可以吗？"王君的直属上司会如何反应？会不会后悔自己太莽撞，在没有弄清楚对方的意图前贸然透露了自己和我的关系？同意王君的请求，会给自己增加麻烦，没准还会给我增加麻烦；不同意王君的请求，又很可能伤害他们之间的感情，实在是左右为难。

一句"不认识"，减少很多麻烦，省却很多口舌，不失为高明的回答。

◆ **分析二**

如果我托王君帮我转送一些东西给他的直属上司，王君在转送之前先问了一句"交大的曾教授，您认识吗？"，他的直属上司照样回答"不认识"，这话是不是就圆不回来了？不一定！中国人拥有足够的智慧，进退自如，因为凡事都留着余地。

我们继续模拟情境。

王君问："交大的曾教授，您认识吗？"

王君的直属上司回答道："不认识。"

王君顿觉奇怪："啊？这就怪了，他说他是您的大学同学，让我把这些东西转送给您呢！"

王君的直属上司闻言很可能作恍然大悟状："什么？你说的是哪个曾教授？曾仕强吗？如果是曾仕强，我们是老朋友！我刚才没反应过来，原来是他呀！"

轻轻松松就圆回来了。

这样说话是不诚实的表现吗？初看的确如此，不过深入分析后，应该有更透彻的理解。

"不认识"这一回答，可以有很多种解读，比如，解读成"真的不认识""听说过，但是并无交情""认识是认识，但跟不认识差不多""我认识或不认识都与你无关"。中国人很会借用不同的表情、语气流露真正的意思，听者可以察言观色。

◆ **分析三**

如分析一所述，彼此坦诚相对有时反而会给自己或他人增加麻烦。因此，有所保留地说话，在特定的情境中，反而是一种有助于提高工作效率的行为。

◆ **分析四**

中国人一切求合理，王君没头没脑地问出"交大的曾教授，您认识吗？"这样的问题，显然不尽合理。

合理的做法是主动说明事情的原委或提问的意图，比如，"曾教授说他是您的大学同学，是不是真的？我有一些事情……（说明具体的事情），想麻烦您出面跟曾教授说一声，不知道是否方便？"；再如，"交大的曾教授托我转送这些东西给您，他好像跟您很熟悉？"。

相信王君的直属上司会因了解了王君的真正意图而放心地对他说明自己和我的关系，让王君知进退。

◆ 分析五

反求诸己的真正含义是"在要求他人合理之前，先求自己合理"，先决条件是自己真正明白什么是合理的。

如果不重视反求诸己，经常责怪别人，认为一切问题都是别人的问题，很可能贻笑大方，始终意识不到种种缺失实际上都与自己密切相关。

说　明

有一次，我应邀前往一个位于山上的训练中心讲了一些粗浅的道理，吃晚餐时，主办人趁大家都在，大声问道："晚餐后，有没有哪位要开车去台北？请举一下手！"

没有人举手。

见状，主办人十分抱歉地对我说："本来想找一部便车，没想到今晚没有人下山，晚餐后叫一辆计程车好了！"

我说："你那样问，当然没有人举手。你换个问法，问'曾教授想搭便车，晚餐后有没有人要下山？'试试。"

主办人满脸狐疑，但照着问了，真的有3位先生举起了手。

主办人很气愤，忍不住质问道："你们刚才为什么不举手？"

答案是很标准的中国式答案："刚才很吵，你说了什么，大家根本听不清楚！"

在中国社会，最好不要随便责怪他人，不然很可能弄得自己灰头土脸、哑口无言。

主办人年纪轻，想了想后，很虚心地问我："曾教授，您看为什么会这样？"

我说："你已经明白了，只不过是想证实自己的想法。我们设想一下，你问

'晚餐后，有没有哪位要开车去台北？请举一下手！'时，有人很诚实地举起手来，万一你接着说：'太好了，这里有 10 个马达，麻烦您分别送到 5 个地方去，地址都写在这张字条上，谢谢您帮忙！'他该怎么办？帮忙吧，实在麻烦；不帮忙吧，怕被人指责不热心、没有服务精神。在弄清楚怎么回事之前举手，不是自找麻烦吗？"

由此可见，中国人在弄清楚问话的意图之前，不会随便应承。

很多现代中国人有急躁的毛病，遇事不反省自己有没有考虑周到，急着指责他人，实在不是一个好现象。

要 则

◎ 中国人最重视"合理"，即把事情做到合理的程度，让大家更乐于接受。有时，针对是否合理，不同人的标准不一致，这是很多争执出现的根源。

◎ 想成为受欢迎的人，最好的做法是保证自己的行为完全合理，因为一旦有不合理的行为，往往会造成若干误解，对自己、对他人，都没有好处。

◎ 当他人有不合理的行为时，我们最好不要立刻横加指责，而应该先反省，看看是不是自己有不合理行为导致对方出现不合理行为。如果是的话，请立刻调整自己的行为。总之，尝试改变对方不如主动改变自己。

心 得

请写下您的阅读心得。

当心"程咬金系统"

个案

甲部门的员工李小姐申请调入乙部门工作,人事部门综合考评后认为相当合适,便在分别征求甲、乙两部门主管的意见后确定了调动日期,并依照正式程序核准、公示。

李小姐兴高采烈地等待接办新工作,没想到乙部门主管的太太亲自来公司拜访人事主管,坚决反对李小姐调入乙部门,宣称如果公司不尊重她的意见,她会让自己的先生辞职,另谋高就。

细问之下,大家才知道乙部门主管的太太针对的不是李小姐,而是所有未婚女性。虽然人事主管一再保证李小姐为人正派,绝对不可能和乙部门主管有感情上的纠葛,但是乙部门主管的太太仍旧坚决不同意。

人事主管以"您原先并没有提出过相关要求"为理由,希望乙部门主管的太太让步,没想到她振振有词地说:"乙部门从来没有未婚女性,我当然用不着提相关要求,现在你们不安好心,硬要把未婚女性调进去,我才不得不提出这一要求!"

这一人事调动本来是正常运作的,没想到突生变故,导致大家章法大乱,不知如何是好!

问题一:乙部门主管的太太的行为究竟是对还是错?
问题二:我们应该怎样应对这种突发事件?
问题三:人事主管应该如何处理这一突发事件?
问题四:面对个案中的情况,乙部门主管应该如何做?
问题五:如果您是李小姐,将如何应对这一突发事件?

请把您的高见简要地写下来。

分析

◈ 分析一

不管乙部门主管的太太的行为究竟是对还是错，这一行为已经在事实上扰乱了正常的人事调动工作——如果人事部门不予理会，说不定乙部门主管真的会离职他去，大家会认为人事部门不尊重员工及其家属的要求，没有人情味；如果人事部门加以理会，撤销调动决定，大家则会认为公司没有公信力，且制度不明，让李小姐受委屈。

乙部门主管的太太提出看似无理的要求时，乙部门主管竟然不敢据理力争，可见乙部门主管的太太这样做，不见得完全是无理取闹。

说起来，似乎谁都没有错，但事情闹到这种地步，必定有什么地方出了差错。分析下来，大家不约而同地看向乙部门主管，责怪道："你明知道你太太有这样的要求，为什么不在人事部门征求你的意见时拒绝李小姐的调动申请？"

乙部门主管苦笑道："好几年没听她提过这个要求，以为她不在意了，谁知道她会这么激进？"

没有人存心惹事，但事情一团糟。"程咬金系统"的最大特色便是半路上杀出来，让人既躲不掉，又挡不住。

◆ 分析二

预先防患当然为上策，任何事情，如果能够在充分考虑正常系统的同时兼顾对"程咬金系统"的关注，会安全得多。只是，"程咬金系统"有神秘莫测的特点，难以预料。

完善应变机制，一旦被"程咬金系统"伤害，立刻及时反应，以求顺利解围也不错。

总之，不能对"程咬金系统"破坏正常系统的事实坐视不理，否则后果严重，很可能超出可控范围。

◆ 分析三

身为人事主管，工作中应该用心对公司内的员工进行了解，尤其是主管级别的员工，如果发现比较特殊的情况，要及时将其视为个案进行研究，这样，进行人事安排、调动时，才能做到在适才适任的同时兼顾特殊性，减少问题和差错的出现。

遇到个案中的突发事件时，人事主管应该立刻向总经理进行全面汇报，并建议不改变让李小姐调入乙部门工作的计划，以昭公信。

那么，对于乙部门主管的太太，要置之不理或明确地斥责其胡闹吗？当然不。因为失去工作能力很强的乙部门主管也是公司的损失。人事主管可以尝试继续与乙部门主管的太太进行沟通与协商，一方面为李小姐的人品作担保，另一方面说明公司不可轻易撤销调动决定的苦衷，并提出新的解决方案：李小姐调入乙部门工作3个月后，公司会安排她调往其他部门。这一方案，相信乙部门主管的太太会答应——3个月时间不长，各退一步，乙部门主管就不需要换工作了，何乐而不为呢？

这样处理，公司的公信力不会受损，乙部门主管的太太的要求最终也能得到满足，非常圆满。很多人担心这样做对李小姐不公平，其实并不会，因为乙部门主管的太太的想法势必会对乙部门主管造成影响，李小姐留在乙部门不是好事，3个月后调离，对乙部门主管、李小姐而言，都是有利的。

❖ 分析四

如果乙部门主管在同意李小姐调入乙部门前就和自己的太太商量此事，了解一下太太的想法，后面的这些麻烦事都不会发生。

由于自己有所疏忽，给很多人造成了困扰，乙部门主管应该自己出面说明情况，不让太太介入公事，以免公私不分，让人反感。

任由太太大闹公司，自己缩头不管，拒绝承担责任，实为下策。

❖ 分析五

站在李小姐的立场上看问题，应该主动再次提出调动申请，或者向人事主管表明自己愿意配合任何调动安排的意向。这样做，一方面能够减轻各位同事的压力，另一方面能够树立良好的个人形象。

说　明

"程咬金系统"什么时候出现、在哪里出现，很难预料，而且，在变化越来越频繁的当下，"程咬金系统"出现的频率在增加，时常给大家带来困扰、增添麻烦，不可不防。

如本章导言所述，实际工作中，我们除了需要考虑看得见、想得到的事情，还需要小心关注看不见、很难想到的事情。因人而异、因事而异、因地而异、因时而异，考虑周到，最为安全。

要　则

◎ 面对一件事，用正常的思路想不出原因时，不妨另辟蹊径，换一个思路想一想。事出必有因，不符合常理的原因，即所谓的"程咬金系统"。

◎ 既然"程咬金系统"是半路上杀出来的，当然难以用寻常方法妥善处置。直面"程咬金系统"时，最好善用"例外的方法"，力求不破坏全局的和谐。

◎ 遇到意料之外的事情时，不妨主动猜测是怎样的"程咬金系统"在发挥作用，以便多方准备，更全面地解决问题。

心 得

请写下您的阅读心得。

第六章 两可的拿捏

导　言

中国人常常"错的骂，对的也要骂""听话的骂，不听的也骂"，好像是非不明、善恶不分。为什么会这样呢？因为中国人是有自知之明的——自己不是神仙，凭什么断是非、判善恶？更何况是非向来难明、善恶往往不确定，如何明辨，本来就是一大难题。

一方面，世间的事，明确"可"或"不可"的并不多，多半是"无可无不可"的，即"两可"。在某种情况下，某事"可"，换一种情况，同一件事却"不可"，这才是常态。

武断的人，喜欢斩钉截铁地断定"可"或"不可"，虽然看起来很有气魄，但是常因失之偏颇而顾此失彼，并不是好现象。

另一方面，就算面对的是十分容易辨明"可"或"不可"的个案，为了顾及面子，很多人也不愿意明白地给予判断。例如，总经理在处理部门主管之间的冲突时，常把是非、对错放在肚子里，不明白地说出来。为什么这种情况很常见？因为唯有合理顾及大家的面子，才能够在圆满中分是非。

为了在圆满中分是非，并把是非分得十分圆满，让大家都有面子，中国人常表现得是非不明、善恶不分，以致引起他人的误解，以为中国人没有是非观念。

连坐法是自古以来被广泛应用的处罚方法，面对问题，对的、错的"连坐"的处罚方法让大家都很害怕，不但不敢推卸责任，而且会主动关心责任以外的事情。只要应用得合理，连坐法是可以促进互助、优化合作关系的。

实际交往中，中国人常会说出相反的两句话，分别代表上限、下限，让听者不要随便逾越。比如，中国人一边鼓励大家"礼让为先"，推崇"让一步海阔天空"，一边强调"当仁不让"，到底要不要让？答案甚至有可能是"不让不好，让也不好"。由此可见，"礼让为先"与"当仁不让"是面对具体问题的上限、下限，合理地在其间找到行动点，最为重要。

第六章 两可的拿捏

有意见不坚持,是不负责任的表现;有意见不分情况地坚持,则是本位主义的表现。了解他人的意见后,既不能照单全收,又不能一概不理,在这两个极端之间,中国人自有其兼顾的能力。一旦找到合理的解决方案,中国人不但能适时展现实力,还能得体地增进人际关系。

合理坚持很重要,却常被人们忽视。很多人认为合法或合情便能圆满地解决问题,其实不然:合法固然很好,却稍显僵硬,很容易虽然办妥了事情,但自己落得众叛亲离的悲惨下场;合情很柔和,却常常导致结果一团糟,因为滥情、虚情都会让事情难以获得预期的效果。

坚持是不可或缺的,因为不敢坚持说明自己毫无信心——别人一反对,我们就放弃自己的观点,别人哪里敢支持我们?但与此同时,绝对不可以盲目坚持,因为无法取得他人的认同、合作,会陷入孤立无援的困境。

合理坚持,即"有几分把握,做几分坚持",有责任感、有自信心的人,应当如此。

两可的拿捏,相当困难。断然裁定"可"或"不可",不但冒险,而且难以获得众人的支持;举棋不定,不但让人看不起,而且让自己难以取舍;唯有合理坚持,才能正确判断其"可"或"不可"。

错的骂，对的也要骂

个 案

针对某件事情，石总经理和杨经理的意见刚好相反，而且两人针锋相对，对峙许久，都没有让步的意思。消息传到朱董事长耳朵中，朱董事长大吃一惊，深觉此事关系重大，不可不谨慎处理，因为石总经理和杨经理都是难得的人才，对公司的发展有重大贡献，绝对不可以因此对立，影响今后的合作。

冷静下来后，朱董事长详细地调查了此事，发现杨经理的意见确实比石总经理的意见高明，而石总经理不肯让步，主要是因为他的职级高于杨经理，承认自己的意见不够高明很没面子，不得不嘴硬坚持……

问题一：如果朱董事长表示支持石总经理，否定杨经理的意见，可能有怎样的后果？

问题二：如果朱董事长表示支持杨经理，否定石总经理的意见，可能有怎样的后果？

问题三：面对现状，石总经理怎么做比较合理？

问题四：面对现状，朱董事长怎么做比较合理？

问题五：石总经理为什么那么重视自己的面子？朱董事长真的有必要费尽心思地在两人中间周旋吗？

请把您的高见简要地写下来。

分　析

◈ 分析一
如果朱董事长表示支持石总经理，否定杨经理的意见，石总经理必然十分感激朱董事长，认为朱董事长很给他面子，但是，杨经理会对朱董事长心生怨恨，说不定会因为看不惯这种官官相护、是非不明的行为而离职他去。如此草率地失去一个难得的人才，岂不可惜？

◈ 分析二
如果朱董事长表示支持杨经理，否定石总经理的意见，并劝说石总经理不要固执己见，应该转而支持杨经理，大家齐心协力地把事情做好，杨经理必然感激朱董事长的是非分明，并更加认可这一公司——好意见不会被埋没，职级低的人不会被职级高的人压制。然而，石总经理可能会因为没有面子而记恨朱董事长，甚至在日后伺机报复。

❖ 分析三

理论上，石总经理应该主动放弃自己的意见，甚至坦白地针对自己错误的固执己见向杨经理道歉，并全力支持大家按杨经理的意见执行。

但事实上，石总经理是人，不是神，这样要求他未免有点过分。面对现状，石总经理能在朱董事长的协调下心甘情愿地接受大家普遍认可的意见就已经很不错了。

❖ 分析四

面对现状，朱董事长可以私下与石总经理聊一聊，在轻松的氛围中合理地处理此事。

我们模拟如下情境。

朱董事长请石总经理吃饭，两人如约见面后，推杯换盏间，朱董事长谈谈天气、说说新闻，一句与工作相关的话都没有。石总经理试探着提了一件工作中的事，朱董事长立刻说"不重要"，石总经理想了想，提了另一件工作中的事，得到的回应是"无所谓"。

慢慢地，石总经理想明白了朱董事长请吃饭的用意——朱董事长认为杨经理的意见比我的意见高明，但不方便明说，怕我觉得没有面子，所以单独请我吃饭，希望我也给他面子，别再固执己见，全力支持大家按杨经理的意见执行。

既然如此，我要不要给朱董事长这个面子呢？石总经理暗自思忖。几分钟之后，石总经理心想："算了，有台阶可以下的时候，下来吧！何况针对这件事，杨经理的意见确实更为周全。朱董事长平日很支持我的工作，如果我继续固执己见，真的惹恼了他，逼得他公开支持杨经理，我更难自处。"

想清楚后，石总经理举起酒杯，洒脱地说："董事长，借着今天的美酒、好菜，我敬您一杯！先干为敬！"

朱董事长见状，立刻知道石总经理已经想明白了，高兴地端起酒杯与他碰了杯。

碰杯后，石总经理爽快地说："这件事，我不是不支持杨经理。他的意见确实相当高明，不过，我不能不适当坚持一下自己的意见，因为他还年轻，挫一挫他的锐气，对公司有好处。杨经理是难得的人才，我们应该适时给他一些磨练，您说是不是？"

朱董事长点点头，顺着石总经理的话说："这件事，如果你不提，我实在不方便主动提。其实，你的意见也不错，但抓住机会让年轻人闯一闯、练一练、按照自己的意见实际做做看，他们才知道事情往往不像想象的那么容易！机不可失啊！"

"那我明天一早就找杨经理聊一聊，告诉他您的安排，让他按照自己的意见去做。"石总经理说。

"不用提我！杨经理一向佩服你，你说这是你的决定就好！"朱董事长悬着的心终于放下来了。

事情至此圆满解决，朱董事长可谓圆通！

◆ 分析五

很多人批评中国人过于重视面子，以致给自己增加很多无谓的烦恼。其实，重视面子不完全是坏事，合理地重视面子，能够更谨慎地行事、更妥当地处理各种关系。

石总经理固执己见的行为乃人之常情，可以理解，而朱董事长综合考虑方方面面的问题，圆满化解石、杨二人之间的矛盾，是明智的选择。

说 明

中国人主张的在圆满中分是非不是无视是非，而是既分是非，又让彼此都有面子。

如果事情紧急，朱董事长没有时间像分析四中模拟的那样单独约石总经理吃饭，个案中的问题是不是就是无解的呢？不一定。想处理问题，方法有很多，比如，朱董事长可以将石、杨一起叫进自己的办公室，当着两人的面说："杨经理年纪轻轻就能有如此见地，十分不易！虽然杨经理的意见不见得比石总经理的意见高明，但是，这次我想建议石总经理放手让杨经理按照他的意见去做一做，增加一些实操经验，看看到底行不行得通！"

总之，无论对错，有容人的雅量、有见机行事的机智，才堪大用。

要　则

◎ 中国人很有是非观念，但大多不常说是非，因为判断是非是十分困难的事——世上的事，很少全对或全错，从不同的角度分析，很可能有不同的判断。

◎ 一般，双方对立的事，一方对的多错的少，另一方对的少错的多比较常见。换句话说，双方的对错往往是程度上的差异，不是绝对的有与无。因此，错的骂，对的也要骂，更容易为双方所接受。

◎ 有时，职场上，错的骂，原因是做错了事或说错了话；对的也要骂，原因不是犯了错，而是面对事情考虑不周，影响了和谐的工作关系。

心　得

请写下您的阅读心得。

听话的骂，不听的也骂

个 案

某天，李先生来公司谈生意，总经理非常高兴，在谈话告一段落的时候吩咐自己的秘书："李先生是我的好朋友，难得有空来公司作客，赶快叫厨房准备一些好菜，留李先生在这里吃饭。"

李先生客气地拒绝了两次，但架不住总经理盛情留客，最终答应留下吃饭。秘书见此事已成定局，便通知厨房准备好菜款待贵客。

让秘书没想到的是，吃饭的时候，总经理一看到桌上那几道好菜，脸上立刻闪过一丝不自然的笑容。待饭后客人告辞离去，总经理直接训斥秘书道："为什么要安排这么好的菜？"

秘书吞吞吐吐地说："我是按照您的吩咐安排的呀……"

"我问你，是谁出钱？如果你愿意出钱，我不反对安排这么好的菜，但实际上是公司出钱，你有没有想过，这样安排，迟早会把公司吃垮？"

秘书不敢再多说，默默告诫自己：下回小心，尽量多为公司省钱。

不久后，张先生来公司作客，总经理依旧非常高兴，又一次在谈话告一段落的时候吩咐自己的秘书："张先生是我的老同学，我们难得见一面，赶快叫厨房准备一些好菜，我要留张先生在这里吃一顿便饭。"

秘书唯唯诺诺地应了下来，回想上一次安排饭菜的教训，心想："这次我才不会那么傻，真的叫厨房准备好菜。谁不知道你只是说得好听，实际上根本舍不得花钱。"

这一次，秘书给厨房的通知是"做几道家常菜，总经理要请老同学吃饭"。

然而，这一次，总经理看到桌上的几道菜，竟然当场发火，当着客人的面怒斥道："林秘书，你是怎么做事的？！张先生是我的老同学，我们有10多年没见面了，你就安排这样的菜？"

林秘书愣住了，当着客人的面，他不敢多说什么，只得赶紧通知厨房想办法张罗一些像样的好菜。

面对这种情况，张先生一再说不必客气，但总经理依然涨红着脸，一直说"不好意思"。林秘书站在总经理身后，心里实在不是滋味。

张先生走后，总经理看出了林秘书的委屈，无奈地说："我知道很多事情很难办，你会觉得我毫无原则、变来变去、说话不算数。不过，我可以告诉你，我是很有原则的人，只是很多事说不清楚。希望你能够仔细揣摩我的原则，更好地与我配合。"

林秘书无话可说，只能希望随着彼此越来越了解，能越来越有默契。

问题一：类似的事情，只会发生在职场上吗？生活中是否也有可能发生？

问题二：如果您和个案中的总经理身处同样的情境，会不会有同样的行为？

问题三：您能否对总经理待客的原则进行归纳，列出简单明了的3条？

问题四：待客的餐标，难道不能足够明确吗？

问题五：为什么直到最后总经理也不肯明说自己的原则，依然让秘书自己揣摩？

请把您的高见简要地写下来。

分 析

◆ 分析一

生活中，类似的事情并不罕见，举例如下。

王伯伯来访时，家中长辈热情地表示欢迎："请坐，请坐！"王伯伯告辞时，家中长辈留客道："难得来一趟，多坐一会儿吧。"王伯伯闻言便又留了一会儿。没想到，待王伯伯离开后，家中长辈大发脾气："我忙得团团转，客气地留他一下，他竟然真的留了这么久！对这种人，实在不能太客气！"

廖叔叔来访时，家中长辈热情地表示欢迎："请坐，请坐！"廖叔叔告辞时，家中长辈同样留客道："难得来一趟，多坐一会儿吧。"廖叔叔婉拒，很快离开了。没想到，廖叔叔离开后，家中长辈很不高兴地说："我今天没什么事，想多和他聊聊，没想到他来去匆匆。如果真的那么忙，何必来这一趟呢！"

为什么依言多留了一会儿的王伯伯惹家中长辈生了气，婉拒邀请后很快离开的廖叔叔也让家中长辈很不高兴呢？原因与个案中总经理的两次生气类似。

◆ 分析二

客人来访，作为主人，我们除了表示欢迎，还有其他选择吗？除非已知对方是来寻仇的，否则没有其他选择。站在总经理的立场上，我们当然不可以冷落客人，因为和气生财。

吃饭的时间到了，作为主人，略尽地主之谊是必然的选择。因太小气而得罪客人，岂非自找麻烦？站在总经理的立场上，留客人吃饭时总不能当着客人的面为他划分等级并明确交代秘书按级别准备不同的饭菜吧？当着客人的面，能说的话大概只有"快准备一些好菜"。

由此可见，个案中的总经理是有苦衷的，换一个人，在同样的情境中，很可能会有同样的行为。

◆ 分析三

总经理待客的原则，归纳起来，不外乎以下 3 条。

第一，给客人足够的面子。既然客人前来拜访，就应该礼待他，使他觉得自己备受欢迎，很有面子。

第二，给客人周到的照顾。不管事情是否谈妥，不让客人饿着肚子离开，以后的日子很长，与人相处，要想得长远一些。

第三，展现最大的诚意。不管是否真的想盛情款待客人，总经理都只能吩咐"快准备一些好菜"，至于具体如何准备，秘书的领悟能力的强弱起决定作用。不然的话，总经理直接打电话通知厨房就好，要秘书何用？

对待不同的客人，总经理心理有不同的餐标，但很难明确地说出来。为什么现在高学历的人那么多，还会经常听到人才难求的感叹呢？究其原因，在于很多人的应变能力不足。对秘书来说，透彻理解总经理的处事原则，有助于不断提高自己的应变能力。

❖ 分析四

有的总经理为了让自己的公司更加现代化、标准化，不仅对合作伙伴进行了分级，还明确了招待不同等级的合作伙伴的餐标。刚开始，此举确实有利于公司内部员工依餐标待客，但时间一长，消息走漏，很多合作伙伴，尤其是"级别"较低的合作伙伴对此非常不满，甚至因此要求终止合作。

既然无法"明确规定"，只得"暗中调整"，依靠公司内部的沟通默契让分等级的接待得以圆满地实现。

❖ 分析五

一方面，公司发展得越好，来访者越多，总经理很难每次都与秘书提前沟通；另一方面，遵循不明言的处事原则，总经理不明说自己的原则，更可能立于不败之地。

若有一天，秘书的应变能力足够强了，宾主尽欢，大家都有面子，备受赞美的人是谁？当然是秘书。总经理的原则确实不容易揣摩，但揣摩成功便一通百通，值得期待。

说　明

作为秘书，切忌成为传声筒、传令兵。秘书的任务是圆满地完成总经理交办的工作，难吗？当然难，但用对方法，能力是可以逐步提高的。

针对个案中的情况，在无从判断总经理心中的餐标时，秘书可以自己设置一个情境，让总经理将话说得更明白。比如，秘书可以当着客人的面向总经理报告："今天厨师不舒服，没有去买菜，恐怕一时做不出什么好菜，真是对不起。"让总经理有表示诚意足够，无奈时机欠佳的机会。如果来访的客人没那么重要，总经理很可能会说："总不至于一点儿菜都没有吧？尽力张罗一下吧。"如果来访的客人很重要，总经理一定会说："那怎么行？赶快想办法！"如此一来，秘书便能准确地把握总经理的意思了。

这样做，是玩花样、耍把戏吗？如果心正，此为圆通；如果心不正，这就很可能异化为令人痛恨的权术。

要　则

◎ 工作中，切忌完全听从上司的指示，自己一点儿也不动脑筋，因为这样既是不负责任的表现，又很难有真正的成长和提高。

◎ 过于叛逆，存心不听从上司的指示，尤其是上司给出的正确的指示，是职场大忌，如果不及时调整心态，很容易陷入不忠不义的泥潭。

◎ 上司最看重的往往是善于应变、能将他的指示落实到合理的程度的下属。表面上，这好像是上有政策，下有对策的表现，其实，这是用心、负责的工作态度的体现。

心 得

请写下您的阅读心得。

不让不好，让也不好

个 案

王君是名牌大学的高材生、设计部门的骨干，他学有专长，颇为领导器重。但是，由于过于自信，他有一个工作原则：设计出来的作品，绝对不接受修改意见，即使是部门主管的意见也不接受。他给出的理由相当简单：我的老师是这样教我的，这样的设计是最好的。

固执己见的"高徒"，虽然优秀，但是也时常令人头痛。

李君的工作习惯刚好相反，对于自己设计出来的作品，他毫不介意别人提意见，不管是上司还是同事，只要提出意见，他就欣然接受，很快地完成修改。他给出的理由也非常简单："我年纪轻，经验不足，正需要多多学习，欢迎大家不吝赐教！"

谦虚、有礼是好事，但大家慢慢发现，李君工作似乎很不用心，比如，经常说不出自己的设计思路。如果真是这样，那么重用李君比重用王君更加危险，因为李君显然缺乏责任感：谁提意见谁负责任，我只是"听话＋照改"，没有责任。

王君的固执，迫使部门主管不得不忍痛割爱，"浪费"他的才华，仅安排他负责一些不重要且不需要与别人合作、沟通的项目。这种安排让王君非常不满、时常沮丧。

而李君的"随意"，越来越给同事他不用心、不负责的观感，不但部门主管不敢让他负责重要的项目，同事们也不敢与他深度合作。李君感觉到了大家的若即若离，频频抱怨做人实在太难。

用心却成了固执，虚心却成了不负责任，究竟该如何处事？

问题一：王君为何会有这样的表现？如果他坚持不改变，可能有怎样的未来？
问题二：对公司来说，王君的性格会带来哪些影响？
问题三：对公司来说，李君的性格会带来哪些影响？

问题四：在工作中不轻易动摇、改变到底是不是好事？经常让步呢？

问题五：在现代社会，礼让是必要的礼仪吗？我们还应该坚持礼让身边人吗？

请把您的高见简要地写下来。

分析

◈ 分析一

王君是名牌大学的高材生，初入社会，很容易有唯我独尊的心态，认为自己的能力最强、自己的决定最正确，拒绝接受别人的意见。像王君一样的人，很少觉得自己不够谦虚，大多有着鹤立鸡群的优越感。

如果王君在遭受挫折后逐渐了解到虽然自己师出名门，但毕竟是凡人，很难永不犯错，从而改变自己的态度，谦虚一点儿，尝试着接受别人的意见，不仅会获得能力的提高，而且能改善自己的人际关系。

如果王君坚持不改变，有两种可能。一种是如个案所说，上司不得不忍痛割爱,"浪费"他的才华,仅安排他负责一些不重要且不需要与别人合作、沟通的项目。在这种情况下,王君的能力很难进一步提高,甚至可能随着时代的发展逐步落伍。另一种是被伯乐赏识、举荐、步步高升,成为辛苦的管理者,在新的岗位上备受磨练。

◈ 分析二

在基层时,王君的性格对公司的危害并不大,因为他的上司会很快了解他的优点与缺点,像个案中的部门主管一样,安排他负责一些不重要且不需要与别人合作、沟通的项目。虽然无法充分发挥他的才能,但至少不会出现严重的问题。

若到了中层,王君依然固执己见、不善于与别人合作,很有可能失去工作机会——总经理们认可他的能力,却不敢任用他,常以"小庙容不下大菩萨"为由婉拒他。

如果王君有机会成了高层管理者,但性格未变,很可能阻碍公司的发展——固执己见的高层管理者大多缺乏容人的肚量,不敢任用比自己高明的人,如此一来,公司很难聚合众人的智慧,根本谈不上有组织力,不仅难以进步,还很有可能慢慢地在激烈的竞争中落后。

◈ 分析三

在基层时,李君不用心、怕负责任的性格不仅会让自己错失晋升机会,还会让上司不敢将重要的项目交给他负责,在无形中增加公司的用人成本。

若到了中层,李君依然缺乏责任感,只做上传下达的事,公司的工作效率会大受影响,甚至可能出现人人推责的不良风气。

如果李君有机会成了高层管理者,但性格未变,很可能阻碍公司的发展——高层管理者不愿担责、毫无主见,势必影响公司的公信力,危害甚广。

◈ 分析四

固执己见的王君让主管不敢重用,经常让步的李君也让主管不敢重用,那么,工作中,到底应该怎么做呢?答案很简单:应该合理地坚持自己的意见。所谓"合理",是建立在确有所知、思路明确、愿负责任的基础上的。

中国人推崇谦虚的品质,常说"让一步海阔天空",但是,让到合理的地步后,就应该"当仁不让"。在"让"与"当仁不让"之间有一个标准，即为"合理"。合理地接受别人的意见、坚持自己的意见，才是真正的中庸之道。

◈ **分析五**

礼让是应该的，也是必要的。现在有些人在极力诋毁"谦虚"这一美德，实际上是矫枉过正的表现。但是，礼让是有限度的，让到合理的地步后，就应该"当仁不让"，中华文化的奥妙，尽在于此。

有些人认为，现代社会推崇竞争。争都争不到，怎么能礼让呢？我并不反对这种说法，但希望大家在争与不争之间找到一个平衡点，体会不争之争的乐趣。礼让和竞争并不是对立的，在"礼让为先"和"当仁不让"之间找到一条合理的路，很见功夫。

说 明

王君当然可以坚持自己的设计，不过也应该谦虚地听听同事们的意见。大家知道他师出名门，想必不会乱提意见，而深思熟虑后提出的意见往往十分难得。如果王君能够择优采纳，展示自己容人的雅量，不仅能改善自己的人际关系，还能获得更多的晋升机会。

李君的谦虚值得称赞，可是他对意见照单全收的举动令人不能不起疑："他究竟有没有自己的思路？"面对他人的意见，李君最好冷静地分析、合理地采纳，在切磋中确定最好的方案。

没有人是无所不知的，也没有人是毫无想法的，取长补短，有助于进入更为合理的境界。

要 则

◎ 固执己见、不知变通的人，很难与他人有良好的合作关系；游移不定、缺乏主见的人，令人不敢委以重任。在"礼让为先"和"当仁不让"之间找到一条合理的路是非常重要的。

◎ 员工进入公司之前，我们可以根据他的学历、经历判断他的能力强弱和专长所在；员工进入公司之后，我们最好忽视他的过往，根据他的实际表现判断他的贡献度和配合度，给予公正的评价。

◎ 真正负责任的人，是有意见不一定说，但在反复研判后决定说了就合理地坚持，不会一遇到阻碍就让步的人。草率地提意见的人，称不上负责任。

心 得

请写下您的阅读心得。

对的事，要合理坚持

个 案

某棉纱厂在业界颇负盛名，由于品质较好、品控较严，有很多长期、稳定合作的厂商。

某天，甲厂一如往常，给棉纺厂派了订单。收到订单后，棉纺厂的业务经理向总经理报告："甲厂最近财务困难，后期很可能无法按时结账，最好不要继续合作了。"

总经理听了，不以为然地说："怎么会呢？对方一直很讲信用，应该可以继续合作。"

业务经理听到总经理这么说，心想："总经理才是公司的当家人，既然他认为可以继续合作，我有什么可担心的？而且，我应该说的话已经说清楚了，就算将来真的出了问题，我也不用负责任。"

下定决心后，业务经理按照正常程序给甲厂发了货。

不久后，有传言说甲厂的资金链断裂，有倒闭的风险。总经理立刻派人去甲厂催账，或追回日前送达的棉纱，但甲厂已无力付账，棉纱也已不知去向。

总经理见公司损失惨重，生气地指责业务经理道："既然你早就知道甲厂财务困难，为什么还要给甲厂发货？"

业务经理吞吞吐吐地说："我建议过最好不要继续和甲厂合作……"

总经理继续责问："那你为什么还是安排给甲厂发货了？"

业务经理沉默，看起来很为难。

总经理怒道："你想说什么？快说！"

业务经理硬着头皮说："因为您说对方一直很讲信用，可以继续合作，我才安排发了货。"

总经理闻言更加生气了，说："如果所有业务事项都只听我的，要业务经理干什么？你决策失误，怎么能把责任推给我呢？"

问题一：在总经理和业务经理的互相指责中，谁比较有理？

问题二：分析业务经理的行为，可知其有哪些考虑不周之处？

问题三：面对类似的情况，业务经理应该怎么做？

问题四：作为下属，若想让上司改变决策，应该怎么做？

问题五：没有把握的坚持和有把握的坚持有什么不同？

请把您的高见简要地写下来。

分 析

◈ 分析一

有些人会斩钉截铁地说："当然是总经理理亏，他没有听取业务经理的意见，决定继续与甲厂合作，出了问题居然不认账，真是缺乏担当！"这些人判断得够明快，却略显肤浅。

还有些人有不同的看法："是业务经理理亏，没有搞清楚自己的职责所在，只会盲目执行，吃了大亏怨不得别人。"这种看法自然是有道理的。

其实，真正的答案是"很难讲"，总经理有错，业务经理也有错。不过，认真拆分责任后，业务经理的失误更严重，毕竟在其位，要谋其职、负其责、尽其事。

◆ 分析二

为什么说业务经理的失误更严重呢？我们分析如下。

总经理听了业务经理的报告，知道了甲厂最近财务困难的情况后，有3种可能的反应。

第一种反应是认可业务经理的判断，接受业务经理的建议。总经理给出这种反应，可能产生两种后果，一是业务经理判断正确，公司免于损失；二是业务经理判断错误，公司失去甲厂这一客户，业务量受损。

第二种反应是不认可业务经理的判断，不接受业务经理的建议。总经理给出这种反应后，如果结果证明业务经理的判断是正确的，不但公司利益会受损，总经理的威信也会受损。

第三种反应是个案中总经理的反应——在深知信也不好，不信也不好的情况下，故作不以为然地说："怎么会呢？对方一直很讲信用，应该可以继续合作。"

不以为然，表示总经理的态度介于认可业务经理的判断与不认可业务经理的判断之间，有一定程度的质疑。总经理说的话，真正意义应该是"甲厂一直很讲信用，否则我们怎么会和甲厂合作这么久呢？现在你突然认为甲厂后期很可能无法按时结账，到底有什么证据？请拿出更充分的证据证明你的建议的合理性。"

业务经理的行为错在毫无证据地提出建议后，将总经理带着质疑的回应解读为了最终指示，未进行进一步分析论证便盲目执行，以致酿成苦果。

◆ 分析三

面对类似的情况，业务经理应该进一步对甲厂的财务状况进行调研，并拿着调研结果再次向总经理汇报，有理有据地提出自己的建议。相信总经理看到可靠的调研结果后，会更认真地考虑业务经理的建议。

在与总经理沟通的过程中，业务经理的态度应该是既不唯唯诺诺，又不当场顶撞。

一听到上司的指示，便完全失去主见，放弃自己的想法，这是唯唯诺诺的木偶人，很难得到上司的器重。听到上司给出的与自己的想法不同的指示后，立刻当场辩驳，很可能导致双方进入对立状态，增加沟通的障碍，若未控制好音量，演化为顶撞，对下属而言更加不利。

既不唯唯诺诺，又不当场顶撞，在有理有据的基础上有几分把握就做几分坚持，才是正确的处事方法。

◈ 分析四

想迅速、一次到位地让上司改变决策，十分困难，说得难听一点儿，甚至等于想让上司无条件投降，不是下属应有的行为。

作为下属，面对上司的每一个指示都欣然接受，回去后若发现新的信息、资料，再提供给上司作为决策参考，让上司自己调整想法、改变决策，比较容易逐步达成共识。

◈ 分析五

没有把握的坚持是盲目坚持，会让自己有固执己见之嫌；有把握但不坚持，很容易被解读为"存心看别人出洋相"，同样有损于自己在别人心中的形象。

有几分把握就做几分坚持才是正确的处事方法。若坚持的结果常常不正确，应该好好检讨自己，切实调整，逐步重建自己的信用；若坚持的结果大多正确，所提的意见会越来越受重视。

说 明

个案中，业务经理正确的行为是所提建议未被总经理采纳时没有当场顶撞，事后也没有四处抱怨总经理的不信任；错误的行为是未能合理地坚持，再次有理有据地向总经理说明自己提出相关建议的理由，以致公司利益受损，没有尽到应尽的责任。

至于总经理，正确的行为是尽管未认可业务经理的判断，也没有立刻完全否认其建议，只是用不以为然的态度表达了自己的质疑；错误的行为是与下属沟通较少，默契不足，以致下属未能领会自己的真正意思。

有人质疑道："总经理为什么不在业务经理第一次提建议时就明说自己的想法？如果他明说，就不会发生后面的各种不可控的事情了！"

如此质疑的人，可能缺少将心比心的能力。试想，作为上司，若摆明了不信任下属，事事要下属拿出证据，下属会怎么想？个案中的总经理不当面质问业务经理为什么这么说、到底有几分把握的行为，是顾及了业务经理的面子的行为，无可厚非。

要 则

◎ 顾及彼此的面子，将心比心，是中国人惯用的沟通方法。双方根据自己的把握程度决定自己的坚持程度，更有利于做出合理的决策。

◎ 过分坚持、刚愎自用，是孤立自己、对自己不利的行为；毫不坚持、过分随和，是妄自菲薄、让他人轻视的行为；推卸责任、不敢决断，是毫无担当的行为，都不值得提倡。

◎ 坚持到合理的程度，说起来容易，做起来难，因为不同的人的立场不同，看法很难一致。因此，公司必须努力建立内部共识，标准越明确，员工越善于合理坚持。

心 得

请写下您的阅读心得。

第七章 是非的判断

导　言

是非为什么难以分辨？是时空在作祟。任何事理，都受时间和空间的影响，时空一变，是非就变。中国人非常了解这一规律，因此，面对任何问题，中国人都觉得"很难讲"。

"很难讲"是事实，因为公说公有理，婆说婆有理，听起来似乎怎么说都有理。中国人很喜欢说"话都是你说的"，意思是你爱怎么说就怎么说，反正都有道理。

中国人都是"理由专家"，不仅很会找理由，而且很喜欢找理由。中国历史悠久，案例丰富，随手一抓就是一大堆理由。怎么找都找得到，怎么抓都抓不完，在这种情况下，我们应该如何分辨是非呢？

很多中国人会在"二选一"之外，出奇制胜地来个"二合一"，让人有意想不到的感觉。中国人的脑筋活、会拐弯儿，因此，中国人的是非也会绕圈子，兜来兜去，把原本相反的东西融合在一起，获得相当圆满的是非判断。

是非具有变动性，变动得不合理，绝大部分中国人不接受；变动得合理，几乎所有中国人都接受。此亦一是非，彼亦一是非，究竟孰是孰非？合理便好。

在这种变动性普遍存在的环境中，制度很难制定。有制度，不知变通，大家易对制度心生不满；有制度，常因时、因地、因人、因事变通，大家会痛责"根本没有制度"。不变不行，变也不行，中国人的制度时常背黑锅，成为众人发泄情绪的借口，屡受责骂。

如今，西方人喜欢谈游戏规则，认为中国社会缺乏游戏规则，并认为只要有了游戏规则，中国人就会循规蹈矩。事实上，在中国历史上，各朝各代无不致力于制定游戏规则，只是中国人的游戏规则与西方人的游戏规则有所不同，令西方人难以理解。千万不要用西方人的游戏规则来衡量、限制中国人，更不要仅因为中国人的游戏规则不同于西方人的游戏规则就否定中国人的游戏规则，中国人缺乏的不是游戏规则，而是裁判水准。裁判水准的缺乏，让哨子经常被乱吹。吹错了哨子，就算游戏规则非常完善，又有何用？

中国人认可的裁判水准，可总结为"在圆满中分是非"。中国人常说："对，但有什么用？"西方人听后常觉得十分奇怪——"对"居然没用，难道要故意"错"吗？对此，中国人给出的答案更妙："错，不可以！"让西方人越琢磨越糊涂。

"对，但没有用"是做事的上限；"错，不可以"则是做事的下限，如何在"对，但没有用"与"错，不可以"之间明辨是非，是中国人必修的课程。

中国人的是非观念很强烈，且要求非常高——不是单纯地分出是非便解决了问题，要在圆满中分是非，让大家都有面子。这确实难，但值得我们为之努力。

是非的判断，是管理的基础。缺乏是非观念，根本无法管理。中国人不可以不明是非，否则管理的基础是不扎实的；中国人也不可以不分青红皂白地胡乱判断是非，因为颠倒是非更加可怕。慎断是非，才是中国人应该坚持的正道。

是非很难分辨

个案

某辆开往台北的班车于8：00开始允许已预购车票的旅客上车、于8：05开始安排未预购车票的旅客补位。

8：00一到，已预购车票的旅客便陆续登车，有的人按车票上的座位号对号入座，有的人则选了自己喜欢的座位先坐下。

8：05稍过，补位开始，一位老太太率先登车，见1号座位居然空着，大喜，毫不犹豫地挤过坐在2号座位上的年轻人，坐在了1号座位上。

没想到，一分钟后，另一位老太太向这辆车奔来，气喘如牛，大声喊着："等一等，等一等！"

转眼，这位老太太跑到了车门旁。站务员告诉她客满了，请她等下一辆车，她却坚持要上车，说："我有预购车票，是昨天特地来预购过车票的！"

匆匆上车后，这位老太太站在2号座位旁边的通道上，要求坐在1号座位上的老太太让座："对不起，这是我的座位。"

"就算是你的座位，也是8：05以前的事情，现在我已经补了位，为什么要让？"坐在1号座位上的老太太理直气壮地说。

"我知道自己体力有限，不能站着，所以昨天特地跑来预购了车票。你今天才来，不能补我的座位，一定要把这个座位还给我。"

"你要坐，为什么不早点来？"

"我不想早点来？我很早就出门了，谁知道红灯那么多，害得我差点儿没赶上车！"

……

在两位老太太的争吵声中，司机关了车门，向高速公路驶去。

站着的老太太右手紧握扶手，左手持票，坚持将票举在坐在1号座位上的老太太的眼前，两人互不相让，吵着吵着，竟破口大骂起来。

在这一过程中，坐在 2 号座位上的年轻人感觉自己的压力很大——全车人都默不作声，却似乎都在心里指责他：你年纪轻轻的，为什么不站起来让个座？

年轻人看了看自己的车票，上面写得十分清楚——2 号座位。可是面对此情此景，有车票又有什么用呢？终于，他顶不住压力，站了起来，示意站着的老太太坐 2 号座位。站着的老太太道谢后坐下了，继续和坐在 1 号座位上的老太太大声互骂。

5 分钟后，两位老太太骂累了，沉默了一阵子。再次开口时，这两个人居然怒气全消，有说有笑起来。随着交流的增加，两人相处得十分融洽。

我坐在附近，很想知道结局如何，便一直留意着。车驶过泰山收费站时，坐在 1 号座位上的老太太说她下一站就下车，她的女儿会来接她，而坐在 2 号座位上的老太太闻言把自己的住址告诉了对方，邀请她有空前来继续聊天。临别前，两位老太太不仅互留了电话号码，竟然还一同表示："如果那位年轻人早点让座，我们就不会吵架了！"

问题一：预购了 2 号座位的车票的年轻人有错吗？为什么两位老太太会一同把吵架的责任归在他的头上？

问题二：坐在 1 号座位上的老太太有错吗？她为什么不肯让座呢？

问题三：迟到的老太太有错吗？她为什么会理直气壮地要求坐在 1 号座位上的老太太让座呢？

问题四：汽车公司有错吗？

问题五：司机对乘客的争吵不理不睬，只负责开车，有什么做得不对的地方吗？

请把您的高见简要地写下来。

分析

◈ 分析一

预购了2号座位的车票的年轻人当然没错，2号座位是他预购的座位，谁都没有权力强行要求他让座。

年轻人没错，大可心安理得地坐着，但他有良好的修养，见两位老年人争执不已，心里很不安，决定让自己的权利暂时睡着，发扬礼让的传统美德。

至于为什么两位老太太会一同把吵架的责任归在他的头上，是两位老太太为彼此开脱的借口，与他无关。

◈ 分析二

坐在1号座位上的老太太没有错，因为依序补位，她是辛苦排队后才合法取得了坐1号座位的权利，她不肯让座，就没有人有权利强行要求她让座。

现代社会，讲究一切行为要合法，除了法定的规约，其他因素都可以不加考虑，因此，坐在 1 号座位上的老太太不肯让座是没有问题的。何况这位老太太自己就是年事已高的老人，不必礼让其他老人。

❖ **分析三**

迟到的老太太有错吗？不好说。她特意预购了车票，只是没想到乘车当天接连遇到红灯，导致前功尽弃，只能眼巴巴地看着自己预购的座位被别人以补位的名义捷足先登。

虽然汽车公司明文规定预购车票逾时作废，但之前确实收了她预购车票的钱。说是补位，其实是一座两卖！迟到的老太太越想越气，便坚持将票举在坐在 1 号座位上的老太太的眼前，理直气壮地要求对方让座。

❖ **分析四**

汽车公司有错吗？不好说。如果只要座位已通过预售卖出，就不予补位，如何向在现场排队的众多旅客交代？站务员有维持秩序之责，但他也不清楚哪个座位的旅客不来了、哪个座位的旅客正在路上急得满头大汗，只能按既定时间安排依序补位。

遇到个案中的情况，他没有权利让任何旅客让座，只好悄然退避，希望旅客自己沟通解决相关问题。

❖ **分析五**

司机的做法有些不近人情，但他见多了各种各样的旅客，早已习惯如此处理——一方面，他帮不上忙，站在旁边也无济于事；另一方面，车发迟了，会有更多的旅客有意见。

中国人都有丰富的经验：车子一开动，所有问题都会逐步获得解决。

说　明

中国人之所以是非难明，是因为头脑灵光，想的比较多。

要赞美一位美国小姐，很容易，你说她的发型可爱，她便高兴；你说她的长相甜美，她会开心；你说她的眼睛迷人，她可能兴奋道："很多人都这样赞美我！"

要赞美一位中国小姐，需要特别小心，你说她穿的衣服很漂亮，她可能会反问："难道我长得不漂亮？"你说她的眼睛美得像月亮，她可能会偷偷嘀咕："又有人在嫌我的鼻子太塌了！"

头脑灵光究竟是不是好事？当然是。人之所以优于机器、永远不会被机器人取代，正是因为人的头脑比机器灵光！电脑存储的东西多且存储时间长、计算能力强且计算速度快，却无法像人的头脑一样灵光！

生活中的很多事情很难合理化——你觉得这样做合理，我觉得那样做合理。究竟谁的做法最合理？头脑灵光会在此时发挥大作用！

如果一切依法办事最合理，那么，迟到的老太太会被站务员拦住，以预购车票逾时作废为由不许她上车，如此处理，合理吗？

已预购2号座位的年轻人有权利坐在自己预购的座位上，依"法"不动，但他服从"情"的指导，让渡了自己的权利，这才是值得我们钦佩的。

一旁的我，年逾知命，白发苍苍，不是无情，却也有些难为情，思之不无遗憾。当时，我应该站起来让座，以身作则，激发年轻一辈的礼让之情，不料竟陷入冷漠观察的状态而不自觉。显然，当时，我的头脑是不够灵光的！

要 则

◎ 是非难明，以致我们经常误判是非。尚未明辨是非时，最合理的举动是慎重处事，以便少犯错误。

◎ 嫉恶如仇的先决条件是明辨是非善恶。如果是非难明、善恶难辨，切忌轻易地嫉恶如仇，以免错误地助长恶势力，害人害己。

◎ 作为管理者，切忌借助权势乱断是非。多问、多看、多想，慎断是非，才不至于看错人、做错事。

心 得

请写下您的阅读心得。

怎么说都有理

个 案

审查决算，可能会出现3种结果，我们以对应这3种结果的3家公司为例，分析相关人员面对决算情况的心情和审查人可能给予的反应。

A公司执行计划的结果是预算远小于决算，即当初提出的预算为100万元，如今的决算竟高达1100万元。面对这种情况，审查人势必紧张万分，痛责A公司耍花招，搞"形式预算"，有企图瞒天过海的嫌疑——先用小额预算获得相关计划的顺利过关，再分期追加预算，最终给出高额决算，看审查人如何处置。

B公司拿着决算结果暗暗高兴，因为自己刚好做到了预算等于决算，想必可以得到审查人的称赞。不料，审查人对着审查结果眉头紧锁地质疑道："这怎么可能？简直是把我们当成傻瓜！天下的事哪有这么凑巧的？预算是3215万元，决算也是3215万元，丝毫没有出入？这根本就是'消化预算'，根据预算的金额拿发票来报销！"

C公司听说后，看着自己小于预算的决算结果，欣喜之情溢于言表。谁知审查人对比其预算与决算金额后同样十分愤怒，指责道："剩下这么多钱，居然不合理使用，可见大家工作都不用心！"这种"闲置预算"的行为，被解读为不敢负责、不肯做事、混日子式工作。

预算和决算之间只有3种关系：大于、等于、小于。如上所述，预算小于决算会被称为"形式预算"；预算等于决算会被称为"消化预算"；预算大于决算则会被称为"闲置预算"，那么，究竟应该如何处理其间的关系，才能让中国的审查人满意？

有人说，以上3种说法可能出自3位不同的审查人，因为他们有不同的观点、不同的立场，所以给出了不同的说法。那么，我们在分析前追加一个条件：这3种说法出自同一审查人，他头脑清醒、知识丰富、办公手段相当现代化。

问题一：以上3种说法出自同一审查人，在这一前提下进行分析，可以获得什么启示？

问题二：中国的公司如何处理预算、决算事宜最为妥当？

问题三：实际工作中，审查人会对决算结果100%满意吗？站在审查人的立场上思考，只说好话可能会有怎样的后果？

问题四：编列预算，最好遵循什么原则？

问题五：如何评价预算制度？如何合理地实施预算制度？

请把您的高见简要地写下来。

分 析

◈ **分析一**

中国人很难接受计划与结果的一致性。

在中国社会，"一致性"大多是建立在"变动性"基础上的，除了个案所述实例，还有很多类似的情况。比如，针对公共工程，若工程进度落后，有关公司必定非常关切，不停地追问问题出在哪里，以便能给大众一个合理的交代；若工程进度大幅超前，不管是有关公司还是大众，都会议论纷纷，担心工程执行方赶工期、偷工减料、要速度不要质量；若工程进度恰如预期，不快也不慢，没准会谣言四起——一看他们就行有余力，在那里故意拖延！

中国人普遍接受的状态只有一种：进度略有超前。只要关注一下新闻报道，大家就不难发现这种规律。

❖ 分析二

很多公司会同时提报很多项目进行决算审查，其中，有的项目的预算等于决算，有的项目的预算小于决算，有的项目的预算略大于决算，让审查人看不出一致性，被指责的概率会大幅降低。

其实，中国人更容易接受建立在"变动性"基础上的"一致性"这一点是有其道理的，若实实在在地根据实际情况编制预算书、决算书，确实应该有一定程度的预算、决算出入——实际情况无比复杂，未经过人为调整，怎么可能频繁做到预算、决算一致呢？

❖ 分析三

实际工作中，审查人大多不会对决算结果100%满意，这涉及审查人的立场问题。

审查人负有重大的审查责任，当然要严格地审而查之，以恪尽职守。如果审查了很久，查不出任何问题，不在场的人难免有所怀疑，猜测审查人是不是因为没有认真审查才没有发现问题的人还算是正直、客气，猜测审查人是不是因为收受了贿赂才网开一面的人也不少。为了不蒙冤，很多审查人会或多或少地给决算结果挑点问题，绝不只说好话。

每次都挑同样的问题是另一种一致性，深谙中国人心理的审查人不会这样做。前一次称A情况不当，后一次就说说B情况的可怕，让对方摸不着方向、把握不住重点，才叫"出其不意"。

总之，站在审查人的立场上，绝不能让对方有有备无患的感觉。

◆ 分析四

编列预算,应既合乎实际,又给自己留一定的余地。具体而言,依实编列不妥当——如果其他公司灌水虚列,审查人考虑到总数过大,采取按比例缩减的措施,依实编列的人该如何开展工作?不依实编列也不见得妥当——如果遇到有心人事先收集历年资料,届时逐项比对,编列人该如何解释虚浮的金额?因此,既合乎实际,又给自己留一定的余地,编列到合理的程度,最佳。

◆ 分析五

正所谓"凡事预则立,不预则废",预算制度的设置初衷很好,若能有效实施,未尝不是一个管理利器。但制度再好,也需要有良好的实施环境做辅助。若脱离实施环境空谈制度,好端端的制度很容易变成官样文章。

有了预算制度后,很快出现了与预算制度斗智斗勇的预算编列技巧,比如,预算的项目、名称必须合乎时代潮流,才显得有分量;再如,针对获批可能性较小的预算项目,可以借名编列,获批后再变更使用。

这些技巧,不能说毫无可取之处,因为预算制度推行之初,配套的预算审查制度是不完善的,缺乏合理的审查方式和客观的审查标准,审查时,只要有一位审查人表示反对,预算就很难获批。

针对出现的问题,合理地完善配套制度,有助于预算制度更好地实施,发挥预期的作用。

说 明

在特殊情况下要求大家行动一致、观念一致,是无可厚非的,但希望大家在任何时刻都行动一致、观念一致,很难为大家所接受。一致性较强的日本式管理的成功是付出很大的代价换来的,中国人不是做不到,而是不愿意、没必要做到。

针对个案中的预算、决算问题,关注的重点不应该放在审查人的指责上,而应该放在执行者执行得合理与否上。

编列预算时尽量求其合理,执行、决算时也尽量求其合理,这叫作将事情办得合理化,是管理界共同追求的目标。中国人的特别之处在于尤其关注"一致性"是否建立在了"变动性"的基础上。在变化中求合理，是符合中庸之道的。

要 则

◎ 应该变化的时候变化，不应该变化的时候千万不要变化，这才是合理的变化。

◎ 道理是相对的，站在不同的立场上，会说出不一样的道理。中华文化博大精深，想了解中国人，务必先学习中华文化。

◎ 中国人特别重视诚意，因此，面对很多事情，将心比心地站在对方的立场上讲道理才讲得通。

心 得

请写下您的阅读心得。

让制度背黑锅

个案

公司召开业务汇报会，探讨近期产品滞销的原因。

会上，大家先是面面相觑，似乎不知该从何说起，继而试探性地说了一些无关紧要的话，在知道如今的销售制度历时已久，已不知是哪任领导制定的后，讨论越来越热烈，最后大家竟不约而同地把所有责任都推给了销售制度，结论是如果不能适当地修改销售制度，再努力也是枉然。

如果公司的销售制度恰是现任董事长或总经理制定的，或者是依据现任董事长或总经理的指示修订的，大家应该不会如此归责，东拉西扯之后，或许会纷纷指出同行业其他公司的销售情况绝对不会优于本公司，并得出结论：市场不景气，时机于我不利。换句话说，即非战之罪，天亡我也。

问题一：中国人为什么喜欢把所有责任都推给制度？

问题二：制度为什么会成为最好的挡箭牌？

问题三：中国人为什么不愿意得罪他人？

问题四：中国人真的怕事吗？

问题五：让制度背黑锅，有什么好处？

请把您的高见简要地写下来。

分 析

◈ 分析一

把所有责任都推给制度，这是很多中国人经常做的事，因为太多的历史事件和生活经验告诉我们：制度是死的，人是活的，把责任推给制度，制度不会反咬我们一口；但把责任推给其他人，很容易推来推去地说不清，有诸多后遗症。

中国人的是非，向来不容易辨得清楚，正所谓"公说公有理，婆说婆有理"，针对具体的事情，几乎每个人都可以信口道来一大堆理由，哪怕真的找不到合适的理由，也可以用"不知道""忘记了""不小心"等不是理由的理由搪塞。

此外，就算是非相当清楚，中国人也很少直接指出过错方，因为被指责的人或不服气，或敢怒不敢言，都会心里不舒服。中国有句古话，叫作"君子报仇，十年不晚"，谁愿意被别人记恨呢？

◈ 分析二

人不能得罪，否则事情可能没完没了地发展下去；制度是非人因素，正好拿来当挡箭牌，既安全，又容易获得众人的认同，这是中国人的高明之处。

往深里想想，制度真的是非人因素吗？事实上，制度由人制定、修订、执行，明着说的是制度问题，暗里说的是制定、修订、执行制度的人的问题，大家心里都有数。看不懂这一点，便无法了解中国人的真正用意；看懂了这一点，便能妥善地处理相关问题，不会困扰于"中国人总让制度背黑锅"这一表象。

◈ 分析三

中国人是世界上著名的"筑墙专家"，每开发一个地方，必定尽快在四周筑墙，以求安全。

既然中国人重视"求安"，当然不愿意随便得罪他人，不然今天你得罪我，明天我得罪你，冤冤相报何时了？

◈ 分析四

中国人不愿意得罪他人，并不等于中国人不敢得罪他人，因为中国人普遍遵循的处事原则是"无事不惹事，有事不怕事"。具体而言，中国人推崇的是没有事的时候最好不要惹是生非，以免弄得大家都不得安宁，但有事的时候用不着害怕，反正事来了怎么躲都躲不掉，天天躲也不会安，不如直面所有事。

惹事不安，怕事亦不安，唯有不惹事、不怕事才能安，这个道理，实在浅显易懂。

◈ 分析五

让制度背黑锅，其实是中国人不怕事的具体表现，因为如分析二所述，制度由人制定、修订、执行，点出了制度的问题，其实就点出了制定、修订、执行制度的人的问题。

那么，明知如此，大家为什么依旧喜欢以制度为攻击目标，不直接指责人呢？这种让制度背黑锅的不明言行为，至少有以下3个好处。

其一，我认为某人有过失，不知大家以为如何，假如我明确地指责这个人，但大家不以为然，我岂不尴尬？我用明指制度、暗指某人的方法表明意见，若大家赞同，当然最好；若大家不赞同，我没有明说，就不至于太尴尬，两全其美。

第二，中国人很聪明，也很敏感，担责的制度背后的那个人虽然始终没有听到自己的姓名，但也明白大家指责的是自己。大家不明言的行为给实际责任人留了面子，不至于太严重地伤害彼此间的关系，不失为一种圆通之举。

第三，在汇报会、检讨会、追责会等会议上，既然不明说大家也明白，便没有必要说得太明。点到为止，由会议主导者（往往是部门主管或公司总经理、董事长）明确结论，是更安全的行为。

说 明

在中国社会，是非实在不易明辨，在难以判定责任的情况下，慎断是非的中国人多数不愿意唐突地指责他人——以免引起不必要的误会、增加无谓的困扰。在这种情况下，围绕非人因素（制度）大做文章，试探着了解其他人的观点，是更为圆满的辨是非之举。

在众人不明言的会议讨论中，担责的制度背后的人很容易慢慢地浮出水面，至此，会议已算开得成功。会后，以解决问题为目标，公司的负责人可以单独约谈担责的制度背后的那个人（我们暂且称他为 A 君），给他提供一个说明相关情况的机会。在大家已经顾全了 A 君的面子的情况下，A 君更可能坦诚地进行情况说明。

如果 A 君没有过失，这是很好的澄清事实的机会——公司的负责人可以邀请相关人员共同听取 A 君的说明，消除不当的指责。

如果 A 君真的有过失，这是很好的承认错误的机会——正式向公司的负责人说明相关情况和自己的苦衷，接受处罚。这样的沟通，比在会议上沟通高效、客观得多。

如果公司的负责人顾全大局，并未打算在会上追责，大家围绕制度做文章有利于他一边接受大家表面上的建议，安排修订制度，一边根据大家未明言的建议，私下了解 A 君的过失，给予合适的劝导、警示，或处罚。

如果公司的负责人打算公开处理 A 君的问题，大家围绕制度做文章有利于他趁势组建委员会，要求委员们详尽地调查相关情况，给出合适的处理方案，并公开宣布处理意见。

中国人的思虑一向周全。表面上围绕制度做文章，实际上暗示出责任人，既顾全了情面，又兼顾了问题的解决，给了公司的负责人极大的空间，让其可以进退自如地决定如何采取下一步措施，不可谓不圆通。

需要注意的是，虽然大家纷纷围绕制度做文章，但公司的负责人处理问题时千万不能停留在让制度背黑锅的程度，因为制度是人为产物，有人才有事，装迷糊地忽视真正的问题，很可能导致情况持续恶化。

要 则

◎ 站在公司经营者的立场上，想要提高公司的生产力，最要紧的便是不要让制度背黑锅！遇到问题，大家可以尝试优化制度，但绝对不可以为了推责而全盘否认制度，否则很难从根本上入手明是非、求改善。

◎ 作为公司的管理者，遇到问题时，可以在口头上指责制度，让制度背黑锅，保全大家的面子，但心里应该明确地知道问题出在哪里、由哪些人负责、可以如何改善。在此基础上合理地采取有效的行动，才能够切实解决问题。

◎ 如果遇到的问题比较敏感、棘手、难以处理，可以让制度背黑锅，但随后必须继续深入解决问题，切忌存有侥幸心理，轻易地放过已出现的问题。

心　得

请写下您的阅读心得。

圆满中分是非

> 个 案

◈ **个案一**

公司为了关照自备车辆上下班的员工，特别规定按月补助汽油费，虽然金额不大，但也让有车的员工欣慰了一阵子：公司相当用心，知道不搭乘公共交通工具的人需要负担汽油费，经济压力较大。

不久前，王经理因公出差长达3个月。王经理出差的第二个月，便有人向总经理反映："王经理出差期间并没有自驾车辆上下班，如果照领汽油费，不仅很不公平，而且会显得公司内稽核部门的同事能力不足，未及时觉察相关情况。因此，应该暂时停发王经理的汽油费。"总经理听罢，觉得有道理，心想汽油费没有多少钱，王经理应该不至于过分重视，便出台了新的规定：停发出差人员出差期间的汽油费。

总经理对此事的处理做到了对事不对人——规定出台后，所有可领汽油费的员工，凡出差时长超过一个月，均停发当月的汽油费。

依据这一规定，扣发王经理3个月的汽油费是合理的。

王经理出差回来后，向总经理报告了出差经过，两人相谈甚欢。王经理报告结束后，总经理特别向他说明了停发3个月汽油费的原因，王经理听后表示赞同："这样很好，反正我出差时没有开车上下班，事实上没有花费这笔钱。我觉得很公平。"

总经理非常高兴，一方面认为自己善纳良言，非常英明；另一方面觉得王经理头脑清楚，是非分明。

没想到，一个星期后，王经理递交辞呈，坚决地离职他去。大家苦劝，但王经理不改初衷，口吐真言："连那么一点儿钱都要计较，我不想再在这里拼下去了。"

王经理的做法似乎有些反复无常，为什么会这样呢？

❖ **个案二**

上班时间，李经理在熊主管的下属阮君的办公桌上发现了游戏机，认为阮君的行为违反了公司的规章制度，理应议处。熊主管再三说明阮君办公桌上的游戏机是阮君的家人托他下班时顺道带回的东西，阮君怕到时忘记才放在办公桌上的，并没有使用，但李经理不相信，坚持议处，并签报总经理核定，给予记过处分，以儆效尤。

阮君不服，依照公司规定提起申诉。经申诉委员会调查，阮君确无在上班时间使用游戏机的行为。依据申诉委员会的调查报告，总经理要求李经理撤销对阮君的处罚，李经理口头应允，却迟迟不付诸行动。

李经理的行为是顽固、不讲理的行为吗？

问题一：王经理为什么会坚决地离职？
问题二：李经理为什么坚持要处罚阮君？
问题三：针对王经理在出差期间领取汽油费这件事，总经理最好如何处理？
问题四：针对阮君的事，公司最好如何处理？
问题五：王经理和李经理有不当表现的根本原因是什么？

请把您的高见简要地写下来。

分析

❖ 分析一

总经理在王经理出差期间出台"停发出差人员出差期间的汽油费"这一规定,时机合适吗？真的不会引起"这规定是针对王经理的""总经理和王经理有矛盾"等传言吗？

在总经理心中,此举完全对事不对人,但王经理会如何想？如果上次朱经理出差一个月时并没有被扣发汽油费,王经理会不会觉得自己被针对了？

总经理认为"汽油费没有多少钱,王经理应该不至于过分重视",王经理离职时的真心话是"（公司）连那么一点儿钱都要计较,我不想再在这里拼下去了",两人都觉得汽油费不多,但思考的角度不一样,结果迥异。

我们模拟几个情境,猜测王经理从赞同新规到坚决离职的过程中发生了什么。

在总经理特别向王经理说明停发出差期间的汽油费的原因时,王经理立刻表示赞同,可见他的确不是很在意这为数不多的汽油费。但王经理回到家提起这件事,王太太会有什么样的反应十分难料。王太太可能和王经理一样,觉得无所谓,也可能很不高兴,认为王经理出差那么辛苦,公司竟然动扣他汽油费的脑筋,实在让人气愤。如果王太太以算总账的形式列举公司以往亏待王经理的事情,很容易让王经理也窝一肚子火。再看公司里,难免有人喜欢搬弄是非,如果搬弄是非的人在王经理面前嚼舌根,提出"是谁向总经理提停发建议的""总经理为什么专门在你出差期间出台这一规定"等问题,王经理很难不越来越愤愤不平。

王经理坚决地离职是意料之外的事,但也在情理之中。

公司为了一点儿汽油费,损失了一员大将,值吗？

❖ 分析二

李经理坚持要处罚阮君,有两种可能：一是公报私仇,二是秉公执法。

如果是前者,公司任用李经理为经理就是一种错误,我们不在此深入分析这种情况。

如果是后者,处罚错了后,李经理确实比较难办——虽说大家都知道人不可能不犯错，犯了错勇敢承认并改正就好，但是，事实证明，职位越高的人越不方便公开认错，因为一旦处理不好，势必有损自己的威信，甚至影响日后的工作。况且，作为经理，秉公执法时难免出现失之偏颇的情况，稍有偏失就要公开认错，日后还怎么做管理工作？

阮君蒙受冤枉，确实应该得到补偿，但此事如何解决，需要慎重考虑。

◈ **分析三**

在王经理出差期间，有人围绕汽油费做文章，总经理可以纳言，却不必急于出台新规，等王经理回来以后再处理此事更为妥当。

我们可以模拟总经理圆满地处理此事的情境如下。

等王经理出差回来，办妥公事，正常上下班后，总经理将王经理请来，介绍了一下"停发出差人员出差期间的汽油费"这一构想及其出现的前因后果，然后说："你出差的情况比较多，我希望能听听你对这一构想的意见。你充分思考后帮我衡量一下怎么处理才算合理吧，对了，上次你出差期间的汽油费不扣发，不要有心理负担。"

如此一来，不管回家后和太太谈起此事时太太是什么态度、公司内有没有搬弄是非的人，王经理都不会认为总经理是在针对他。而且感知到总经理很在意他的感受并且很器重他，王经理自然不会轻易离职。

至于是否应该停发出差人员出差期间的汽油费，王经理思考后可以表示赞同，也可以坚决反对。

如果王经理表示赞同，总经理可以顺势出台补充规定，并明确从规定出台后的第二个月开始实施。设置一段缓冲期，使谁是第一个被停发出差期间汽油费的人完全随机，大家都没有话说。

如果王经理坚决反对，说明自己认为公司不应该太过于计较小钱，否则容易让员工泄气等理由，总经理可以找提相关建议的人进行再次沟通，衡情论理，慎重决定是否出台补充规定。

相信凡是合情合理的规定，都会受到欢迎。

◈ **分析四**

面对处罚错了的结果，总经理应该主动与李经理沟通，表明理解与支持李经理的态度："给阮君记过一事，虽然是你签报的，但是是我核定的，所以错的是我，不是你。你是公司的重要干部，无论如何，公司应该大力支持你秉公执法。"

见总经理有这种态度，李经理很可能会立即表示自己对阮君并无成见，既然申诉委员会已查明真相，就应该撤销处罚，并且自己会亲自向阮君道歉。此时，公司既给了阮君清白，又给了李经理足够的理解，而李经理自觉、自愿认错，丝毫不会觉得面子受损，结果十分圆满。

◈ **分析五**

两则个案，表面上看是王经理和李经理有不当表现，其实两位总经理的行为不妥才是两位经理有不当表现的根本原因。

若个案中的两位总经理善于化解矛盾，就算王经理和李经理处事确有不当之处，也应该能够大事化小，小事化了。

说 明

两则个案中的问题出现的根本原因都是"合法但不合理"——分出了是非，但不圆满。

王经理觉得被针对，失了面子，才一走了之；李经理觉得被要求认错没有面子，才非常抗拒，这都是人之常情。如果让王经理参与相关规定的制定、让李经理自行善后，尊重他们、给他们面子，事情应该能得到更合理的解决，做到在圆满中分是非。

要 则

◎ 面对是非，中国人的要求比较高，往往希望能够做到在圆满中分是非。分是非分到大家都有面子的程度，才算圆满，否则，后患无穷。

◎ 虽然中国人普遍以圆满为分是非的目标，但很少有人要求自己一下子做到位。持之以恒地努力，日久自然有所成。

◎ 处事追求圆满是好事，但需要注意，不要因为急于追求圆满，处处表现得圆滑，以致弄巧成拙。

心 得

请写下您的阅读心得。

第八章 凌乱的秩序

导　言

受历史因素的影响，在很多西方人的眼里，中国人与脏和乱有莫大的关系。脏是要改的，且确实可以随着知识的普及与经济的繁荣有所改观；乱是要调整的，但需要注意的是，调整到"乱中有序"的程度，比"不乱"更好。

乱有两种：一种是乱得没有条理，十分可怕；另一种是乱得有条理，就像时下很多人的发型，用了很多时间和心思去整理，乱得相当自然。

中国人的天人合一思想，让我们能根据自然界的凌乱现象推论人世间的凌乱现象，逐渐领悟"乱中才能看出理来"这一道理。如何透过凌乱的现象，找出何以如此的"理"，更深层次地获得信息，是我们应该持续探索的。

"凌乱"在管理上的表现是"情的交流"。中国人讲究情、理、法，虽然以"理"为重心、中心，但是会巧妙地以"情"为先。人我之间，以"情"为桥梁，沟通、协调时心意容易相通，不过，会难以避免地有些凌乱。

我们必须有所抉择，到底是要以情为先，接受相应的凌乱呢？还是要以法为先，哪怕有些冷酷无情呢？有些人一方面主张把"情、理、法"颠倒过来，变成"法、理、情"，另一方面期待人我之间充满人情味，同时过分强调"人情"和"人情味"的差异，实在是自我矛盾的心态。

任何人，如果能够清楚地分辨"人情"和"人情味"，就用不着担心是否以情为先；相反，若是分不清"人情"和"人情味"，将"情、理、法"的顺序颠倒成"法、理、情"也只是徒增冷漠，对人性管理而言，危害甚大。

中国人喜欢不明言，认为如果对方不想听，说得再清楚，对方也会充耳不闻；如果对方没有诚意，无论怎么说，对方都会往不利的方向思考，甚至伪装成不知道、没听懂。换言之，中国人深信：只要有诚意，听不懂时自然会主动问。

"不知道、没听懂"，对应的是没有诚意的人；"你不说，我也知道"，对应的是诚意十足的人。中国人十分重视"体会"，不明言的目的，在于让人主动体会——

让对方自己想出来，才不至于伤害对方的自尊。中国人追求"我没有这样说，是他自己说的"这一效果，"让他自己说"，即让他自己负完全的责任。

下属向主管请示事情时，若主管立刻给出答案，看起来是这位主管既有能力，又有气魄，实际上是这位主管在害组织、给组织制造"呆人"，同时在害下属，逐步把下属变成"呆人"。因为主管答案太多、给得太及时，下属就懒得思考、经常问，很少动脑筋，必然越来越呆。实际工作中，很多主管会不明言地告诉下属："你自己看着办好了！"意思是提醒下属不要习惯于问，应该自己多动动脑筋。可惜很多下属听不懂，认为给出这种答复的主管是不负责任的主管，甚至因此和主管之间有隔阂。

身为中国人，最好明白为了求圆满，我们有很多处事方法可选，有时，稍微推、拖、拉一下，只要合理，就是有利于双方的行为。下属适时请示，主管合理答复，彼此呼应，互相配合，看起来有些凌乱，实际上乱中有序、有理可循。

不怕乱，不求乱。盲目地乱，谁都害怕，在凌乱中通情达理，大家才会乐于接受。

乱中才能看出理来

个案

张总经理任期内，会议的签到用纸是空白的，既不画格子，又不事先打印参会人员的姓名，大家随到随签，经常签得乱七八糟，有时，负责整理会议签到情况的人甚至会把参会人员的名字录错，引起抱怨。

李总经理继任后，做了科学化、系统化的改革，让秘书室在会议的签到用纸上画好格子，并对应各会议录入参会人员的姓名，让参会人员能轻松地将字签在应该签的位置，既整齐美观，又方便整理。但是，有利就有弊，排名的先后与纸上位置的高低成为大家议论的焦点，引起了诸多不愉快。比如，有人调职、升职、降职时，会议签到用纸上排名的先后变化常被引为笑谈，让当事人尴尬不已。再如，业务部的人未实现业务目标时，找的理由竟然是秘书室在会议签到用纸上将业务部安排在低位，被生产部压着，有功夫也无法施展。又如，开发部开发新产品的进度滞后时，竟然责怪秘书室在会议签到用纸上将开发部列在最后是故意阻碍开发部的开发工作。

朱总经理继任后，继续革新，要求秘书室在筹备对外会议时制作画好格子并录好参会人员姓名的会议签到用纸，但在筹备内部会议时，准备空白的会议签到用纸即可。

对此，大家议论纷纷。有些人表示反对，说此举是在开倒车，好不容易科学化、系统化了，不应该恢复乱七八糟的签到状态；有些人表示赞成，说就应该有所变，有所不变，灵活的规定便于大家更好地应对不同的情况；还有些人既不赞成，又不反对，说："总经理的决定自有其道理，张总经理、李总经理和朱总经理的要求都很好。"

公司内的王君一向喜欢有意见就说出来、有不解就问明白，某次，在会议将结束时，王君当众提出临时动议，要求朱总经理说明再次革新会议签到规定的理由。

朱总经理不慌不忙地回答："我一直在等大家提问，以便解说一番。对外会议，使用有格子和参会人员姓名的会议签到用纸，让大家有序签到，才不会导致后期整理时出错，万一将来有问题需要追究，清晰的签到结果也算是证据之一。内部会议，参会人员是一家人，自由签到，不仅大家轻松、自在，而且秘书室可以根据签到情况了解大家的性格与近日情绪变化，何乐而不为呢？"

问题一：朱总经理为什么不主动说明自己革新会议签到规定的理由，非要等到有人提问再答复？

问题二：像王君一样有意见就说出来、有不解就问明白，究竟好不好？

问题三：使用空白的会议签到用纸，有什么好处？

问题四：签名的大小有什么讲究？

问题五：签名的位置有什么讲究？

请把您的高见简要地写下来。

分 析

◇ 分析一

朱总经理为什么不主动说明自己革新会议签到规定的理由,非要等到有人提问再答复?这是一种处事艺术。有些事情适合主动说明,有些事情不适合,并不是每件事情都有主动说明的必要。

假如针对朱总经理的革新,大家都没有异议,说明绝大部分人是了解他的用意且颇为赞成的,少数存疑的人,大可以暗中向同事请教,就算有个别不赞成该革新的人,在可接受的范围内,不必苛求。在这种情况下,朱总经理主动说明,多少有一点儿看不起别人的感觉,好像大家都不够聪明,只有他最高明。

假如有人提问,说明不清楚朱总经理的革新用意的人不少,通过观察提问者的提问状态,朱总经理能够对提问者的提问动机进行推断——是单纯地想不明白,希望获得解释,还是在用提问的形式表明自己反对的立场?明确大家的态度,有助于朱总经理随机应变。

◇ 分析二

有些总经理喜欢有话直说,这样的总经理的想法不需要下属苦苦揣摩;有些总经理不喜欢主动对自己的指示进行说明,此时,作为下属,需要适时提问。

有意见就说出来、有不解就问明白,究竟好不好?答案是"不好说"——有的意见/不解应该说/问,有的意见/不解要慎重决定是否说/问,有的意见/不解则绝对不能说/问。这很难笼统地概括、说明,需要因人、因时、因事、因地而异。

◇ 分析三

一般情况下,对外会议的记录(包括会议签到记录)的重要性大于会议内容的重要性,以便有问题需要追究时,证明文件充足;内部会议的记录,尤其是会议签到记录的重要性小于会议内容的重要性,记录以切实记载会议内容为重,最好能够同时反映互动过程,在会后研判时帮助研判人员了解参会人员的各种情况。

使用空白的会议签到用纸看似凌乱,其实乱中有序——正所谓"字如其人",签名的大小、位置、潦草程度等,都能反映签名者的性格、心理状态。因此,参会人员自由签名的结果，可以成为会后研判时研判人员研判参会人员性格与近况的依据。

◆ 分析四

签名的大小最好与自己的能力的强弱、职级的高低匹配。一般而言，不要签得太大，以免显得自傲、自大、不尊重同事；也不要签得太小，以免显得妄自菲薄、自信心不足。

实际工作中，签名的大小给研判人员怎样的观感还与研判人员对签名者的主观印象有关。若研判人员对签名者的主观印象较好，会觉得签名大是举止大方的体现，签名小则是谦逊有礼的反映；若研判人员对签名者的主观印象不佳，会觉得签名大是目空一切的体现，签名小则是自卑懦弱的反映。

这样的主观判断重要吗？有价值吗？作为公司的管理者，可以通过沟通发现并放大其价值。比如，总经理可以让主管说说他的分析，听听和自己的观点有没有差异、有哪些差异，以便了解自己对相关人员的判断是否正确。多个主观看法碰撞后，很容易得到合理的答案。

◆ 分析五

通过观察签名的位置，可以获得很多信息。

比如，同样是来得早，如果大大方方地将自己的名字签在最上方，字迹清晰、端正，说明签名者正直、坦荡，但可能处事不够圆通，容易得罪人；如果谨小慎微地将自己的名字签在偏下的位置，字迹自然、用力适中，说明签名者关注人和、安分守己、处事大多得体。当然，这并不代表所有人都应该将自己的名字签在偏下的位置，总经理等各级领导签到，理应签在偏上的位置。

再如，签名群聚情况的出现很值得重视，少数人每次签到都将他们的名字签在一起，很可能是非正式组织的征候。

说 明

设置会议签到为自由签到，签到情况确实能够为研判人员提供很多关于参会人员性格、情绪的信息，但研判人员需要注意，研判时必须综合考虑多种因素，千万不要抓住一点不放，以偏概全。

对多次签到的情况进行对比研判，有利于研判人员透过变化掌握真实信息。

有人担心，大家了解这种设置的意图后，有意掩饰，设置者会不会弄巧成拙？其实，大家有意遮掩不一定是坏事——每次自由签到，大家都留心签名的位置、大小等，是签到的教育功能得以充分发挥的表现。人的行为是会反作用于其观念的，每个人每次签到都讲求合理，大家会逐渐养成守时、守分、守纪的良好习惯。

要 则

◎ 凌乱有凌乱的道理，寻找有用的信息并加以研判，有助于我们提高自己对人与事的把控水平。不一味地用责怪、厌弃、不屑的眼光看待凌乱的现象，才有可能冷静地分析出其背后的道理。

◎ 若不应该凌乱的地方、不应该凌乱的时刻居然有无比凌乱的状态，应尤其认真、谨慎、细致地加以研判。

◎ 凌乱与否是相当主观的判断，作为管理者，最好摒除成见，把凌乱看作正常的现象，而不是先入为主地断定其反常，如此才能尽量客观地找出凌乱的真因，给予合理的处理。

心 得

请写下您的阅读心得。

凌乱正是情的交流

个 案

宋君夫妇一早就赶往某百货公司,想买一套新衣服。没想到他们出发得太早,到百货公司时,百货公司尚未开门营业。

宋君夫妇围着百货公司走了几步,发现一家能直通百货公司的底商服饰店已经把卷帘铁门推上去了,店内的东西已整理就绪,店员们都站在店内闲聊。

宋太太想进这家服饰店,不料店员立刻出来阻拦她,说:"对不起,我们10:00才开门营业。"

宋先生说:"你们不是已经开门了吗?"

店员说:"开门是为了让工作人员进来,现在还没到营业时间。"

宋先生看了看表,差8分钟到10:00,便说:"只差8分钟了,你们已经准备好了,早点儿营业不是更好吗?"

店员坚持不放行,说:"还有8分钟,请您再等待一会儿。"

宋君夫妇见状大骂店员不知变通,根本不懂得如何服务顾客,没有资格开店做生意。

问题一:店员依照店规,坚持10:00才开门营业,做得对吗?

问题二:宋君夫妇要求进入该底商服饰店,此举很无理吗?

问题三:底商服饰店规定10:00开门营业,毫不通融,有什么不对之处吗?

问题四:个案中的店员应该如何合理地应对顾客的特殊需求?

问题五:百货公司为什么要坚持准时开门营业?

请把您的高见简要地写下来。

分 析

❖ 分析一

店员的行为没有错。百货公司规定 10：00 开门营业，直通百货公司（附属于百货公司）的底商服饰店应该遵守这一规定，早到的顾客理应耐心地等待。

❖ 分析二

宋君夫妇要求进入该底商服饰店，此举很无理吗？似乎也不尽然。宋君夫妇原先的目标是百货公司，看到百货公司紧闭的铁门后，他们只怪自己来得太早，并没有立刻发脾气。为了尽早买到一套新衣服，他们开始寻找其他目标，发现该底商服饰店铁门已开、店内的东西已整理就绪才想进入，且并未提出通过该底商服饰店提前进入百货公司的要求，不算毫无道理。

◈ **分析三**

所有商店都可以，也应该明确规定开门营业的时间，然而，在不营业期间，最好紧闭大门，以免吸引了顾客，却生硬地以不在营业时间内为理由将顾客拒之门外。

如果商店的设施无法满足实际使用需求，换句话说，无法在不营业期间紧闭大门，至少应该在入口处悬挂明确的说明，比如"抱歉！我们正在整理货物，10：00准时营业，请稍候"。在内外透明的情况下，若提前准备完毕，店员应更细致地做好营业前检查，不要站在店内闲聊，给顾客传递错误信息。

此外，遇到有紧急需求的顾客，店员应该有应急措施可选用。

◈ **分析四**

店员坚持遵守准时营业的规定是没错的，因为擅自提前迎接顾客进门是破坏规定的行为，容易导致章法大乱。不过，个案中店员的处理方法值得商榷，可以更圆通一些，我们模拟一个情境。

店员本着为顾客服务的初衷，微笑着说："欢迎光临，我们还有几分钟就开始营业了，请您稍事等待。"

宋太太说："我赶时间，能不能让我提前进去看一看？"

店员保持微笑："这样啊？我权限不足，请稍等，我去请经理出来。"

对此，宋太太可能说："这么麻烦吗？那不用了！"

让顾客知难而退，乃上策。

若宋太太坚持要提前进店，店员就应该真的去请示经理，而经理闻讯应该诚恳地出来接待顾客，招呼几句。了解宋太太的苦衷后，经理可以将其视为个案进行处理，说："既然您的时间这么紧张，我陪着您在店内看一看吧，希望您能选到满意的衣服。"

在不破坏店规的情况下用合理的方式接待顾客，体现的是中国人守经达权的应变技巧。

◈ **分析五**

百货公司的营业时间必须明确并要求相关人员严格遵守营业规定，是有其不得已的苦衷的——各部门完成营业准备的速度、时间不一致，底商先准备好了便准许顾客进入，很容易导致顾客看到百货公司内纷乱的准备场面，极为不妥。明确规定营业时间，要求各部门必须在该时间前完成准备工作，一切准备就绪再开门营业，才不会影响大局。

说　明

与百货公司内部的商家比，底商服饰店的优势在于弹性较大，能够随机应变。

服饰销售，往往依靠顾客一时的喜欢或急切的需要，如果限制太多，让顾客在等待中打消了购买的念头，对商家而言是十分不利的。

把宋太太视为个案进行处理，看似凌乱、不守规矩，其实正是情的交流。适当破例，即使此次买卖不成，宋太太仍会对该服饰店留下良好的印象。若真的得以成交，替宋太太解了燃眉之急，说不定此后宋太太会成为该服饰店的老顾客，岂不更好？

宇宙间，本就有很多凌乱现象，比如天上的云，凌乱得充满诗情画意。如果连云都排起队来，整整齐齐，大家觉得是好还是坏？

天人合一的思想，让中国人喜欢把自然法则化用在处事方面。自古以来，中国人最明白合理把握凌乱程度的好处，有时甚至会圆通地在认真的基础上"假装不认真"。

商店管理要有制度，有制度代表"认真"。虽然必须有制度，但制度不能没有弹性，执行上的弹性，相当于"假装不认真"。有弹性到完全不认真的地步，等于有名无实，和没有制度差不多，大家不可能认可；但认真到完全没有弹性、几近无情的地步，也会引起顾客的反感："神气什么？你不卖，我还不买呢，看谁吃亏！"

"假装不认真"的真义，是认真到不引起反感、不犯众怒的程度，即认真到合理的程度。

要　则

◎ 中华文化是有情的文化，我们非常不愿意看到中华文化的亮点被现代化管理淹没。由于认识的不清与执行的偏差，如今，很多中国人有"一切凌乱都是错的"这一认知，实在不是好现象。

◎ 生活中，由于种种原因导致自己陷入紧急采购的窘迫状态是在所难免的。小型商店可以弥补大型百货公司不便变通的不足，提供个案处理的机会，这是小型商店的优势，建议商家不要主动放弃。

◎ 个案处理的机会，如果是提供给确实有需要的人，绝大多数人会表示认可，但如果是提供给有权有势却无真正需要的人，大家无不厌恶。无私的情，才凌乱得可爱。

心 得

请写下您的阅读心得。

不明言启发有心人

个案

◈ 个案一

王经理有一个新点子，请示总经理的意见时，总经理考虑了一会儿后笑着说："这样做好吗？不太好吧！不过，如果你认为没问题，就按你的意思去做吧，不要紧。"

听到这种前后矛盾的指示，王经理心里很别扭——对方身为总经理，居然给出这种不负责任的指示，他该如何是好？

◈ 个案二

李主管请示朱经理："甲厂的订单，我们究竟要不要接呢？"

朱经理看了看李主管，好像不认识他似的，问道："什么订单？你自己斟酌好了！"

李主管闻言觉得很好笑，在心里吐槽道："我自己斟酌？要是出了问题，你能不把责任推给我？谁不知道你安的是什么心！"

问题一：上司与下属沟通不畅，可能造成什么后果？

问题二：个案一中的总经理和个案二中的朱经理真的是不负责任的上司吗？

问题三：个案一中的王经理为什么会获得总经理给出的看似前后矛盾的指示？获得这样的指示后，王经理应该怎么做呢？

问题四：个案一中的总经理为什么不直接把心里话说明白呢？

问题五：举例说明作为上司，将话说得太直白可能造成怎样的后果。

请把您的高见简要地写下来。

分 析

◈ 分析一

中国人讲究先做人，后做事，非常重视个人修养与人际关系。

若上司与下属沟通不畅，轻则影响具体事务的处理，重则导致更多工作关系进入紧张状态，甚至影响公司的整体发展，因此，类似问题必须得到关注与解决。

◈ 分析二

表面上看，个案一中的总经理和个案二中的朱经理都是不负责任的上司——针对下属的请示，不敢给出明确的裁决，是没有担当的表现。然而，深入思考一下，作为下属，个案一中的王经理和个案二中的李主管也有不是之处——请示问题，应该带着自己的思考和辅助上司决策的资料，只会提问，并不是合理的做法。

❖ 分析三

个案一中的王经理为什么会获得总经理给出的看似前后矛盾的指示？恐怕应该先自我反省一下。

有一个新点子，立刻去请示总经理的意见，如果说得含含糊糊、不够明确，总经理会立刻提高警觉，不敢轻易给出裁决，此乃人之常情。

个案一中，总经理说的第一句话是"这样做好吗？不太好吧！"，真正的意思很可能是暗示王经理：你的想法有所疏漏，考虑得不够周到，施行的结果不一定良好。这其实是比较明显的否定。考虑到最好不要打击王经理的工作积极性，更不要让他因感觉丢了面子而不满，总经理补充了一句话，即"不过，如果你认为没问题，就按你的意思去做吧，不要紧"，潜台词其实是"你可以再想一想，完善一下，不一定要完全放弃这个点子"。有了第二句话，王经理就有了再次汇报的机会。

在这种情况下，王经理应该做的是深入调查，完善自己的想法，并收集充足的资料，准备充分后，再虚心地请示总经理的意见。

由个案一可知，王经理不擅长检讨自己，遇挫后会习惯性地责怪他人、埋怨他人。因此，王经理应该学会反求诸己，时刻提醒自己不要怨天尤人。切实反思自己的不足并加以改正，有利于王经理更快地进步。

❖ 分析四

有人认为，个案一中的总经理应该直接说"你的点子到底好不好，我现在无从判断。请你回去完善一下，多找些靠谱的资料，下次再汇报"，不应该让下属猜来猜去。如此，真的好吗？

将话说得非常明白，确实不会引起误会，但是，如此不留情面地否认下属的思考成果，遇到较真的、爱面子的下属，很可能出现严重的后遗症，对两个人之间的关系造成负面影响。作为经理级别的成熟职场人，这样沟通未必妥当。

❖ 分析五

某超大型公司发展历史悠久，资深员工众多，但本着用人唯才的态度，人力部门破格提拔了一位能力超群的年轻总经理。让人没想到的是，这位年轻总经理很快在大家面前闹了笑话。

在某次高级主管汇报会上，这位年轻总经理居然无比直白地大声质问大家："什么是附加价值，你们究竟懂不懂？！"

当时，在场的高级主管们面面相觑，都默不作声。事后，这些高级主管们一有机会就互相调侃，问诸如"什么是财务报表，你究竟懂不懂？""什么是井底之蛙，你究竟懂不懂？"的问题，笑成一团。

究其原因，有些人愤慨地说："老实说，我比他懂得多！只不过'官大一级压死人'，我只好装不懂来应对他的狂妄自大！"

由此可见，将话说得太直白，有时不仅不会获得让听者反思的良好效果，还会成为听者眼中的笑话。

说 明

下属对上司不明言，常见的原因之一是表示自己对上司的尊重，原因之二是不愿意触碰上司的逆鳞，以免吃眼前亏。

上司对下属不明言，常见的原因是试图点到为止，不让下属觉得没有面子。有心的下属见状必会主动反省，并寻机进行更合理的汇报。

道理具有层次性，面对基层人员，说得清楚明白是必要的，因为基层人员的自我检讨能力和抓取话外信息的能力往往不太强。事实上，具备这些能力的人，不会做太久基层人员的，很快就会晋升为中层管理者。因此，大家应该尽早提高自己的相关能力。

能够因人、因时、因事合理决定明言或不明言的人，才是真正懂得不明言艺术的人。

要 则

◎ 中国人相当敏感，经常举一反三，因此，大多数时候"点到为止"就已足够。经验越丰富的人，越知道"有话直说"的可怕，处事越慎重。

◎ 不明言的主要目的是启发有心人，让有心人自己体会，从而获得快速成长。可惜有些人始终不肯用心，反而盲目责怪他人，以致自己很难有长进。

◎ 上司不明言，目的往往在于促使下属将事情汇报得更清楚。作为下属，在完善自己的想法后，必须再度向上司汇报相关情况，切忌含糊了事。

心 得

请写下您的阅读心得。

下属应该适时请示

个 案

面对下属的请示,经验丰富的上司通常会客气地指示:"你自己看着办好了!"

但若下属做得不好,出现了问题,上司一定会毫不客气地指责道:"你为什么不事先问问我的意见呢?"

经验丰富的上司,大多是做事妥当且周密的人,如今却在下属的眼中成为老奸巨猾的狐狸式人物。

有的下属上了几次当后学乖了,开始在做事前坚持问到清楚的指示,不再自己看着办,因为挨骂事小,承担不起责任事大。

见下属坚持要问明白,上司往往也就不再客气,会给予一些明示。

下属得到明示后战战兢兢,执行时丝毫不敢有偏差,但没想到,结果不好时,上司还是会毫不留情地指责道:"你为什么要这样做?"

有的下属见自己执行得这么准确还是会被指责,火冒三丈,鼓起勇气申诉道:"是您让我这么做的!"

本以为上司会哑口无言,没想到上司往往更加气愤:"我让你这么做你就真的这么做?难道我让你去死,你也会去?"

问题一:个案中的上司的这种处事态度是对还是错?
问题二:一个人只会规规矩矩、实实在在地执行任务,到底好不好?
问题三:举例说明中国人喜欢变通的特点。
问题四:西方的上司为什么能毫无顾忌地发号施令?
问题五:变通着执行,可能有怎样的结果?

请把您的高见简要地写下来。

分 析

❖ 分析一

持个案中的处事态度的上司是多还是少？大家心里都有数。

个案中的上司的这种处事态度是对还是错？不好说。

中华文化有三大要素，分别为务实、不执著、中庸。无论是谁，都应该以务实为本，实实在在、规规矩矩地做事，但仅做到务实，只称得上是实干家，在务实之外做到不执著，才是良好的宣传家，若在此基础上有中庸的修养，能将事事做得恰到好处，便称得上是出色的发明家。

大多数中国人能够做到务实，而如个案中的上司一样，能够在规规矩矩、实实在在的基础上有所权变，是有弹性、不执著的表现。能够在正道上走下去，相关态度便不能说是错，不断精进，终可达到中庸的程度。如果走了歪路，相关态度便不能说是对，很容易陷入拒责、推责的泥潭，自毁前程。

❖ 分析二

一个人会规规矩矩、实实在在地执行任务,是做基层工作的好材料,但若一个人只会规规矩矩、实实在在地执行任务,很容易一辈子都在做基层工作,眼巴巴地看着善于权宜变通、时刻不忘求新求变的人节节高升。

明白适时应变的重要性,合理把握权变的时机,才有希望顺利晋升。假如功夫精深,能屡变屡中,机缘成熟时,自然会成为高阶层主管。

❖ 分析三

中国人有多喜欢变通呢?有时甚至会过分到自作主张的程度。举个例子,大部分西方工人领到工作图纸后,会充分尊重图纸绘制者的专业性,认真地按图纸工作,遇到问题时,一定会先停下来问清楚再继续工作;而大部分中国工人,不管拿到的是专业性多强的工作图纸,都不会视其为一动不可动的标准图纸,有时甚至会不经请示便擅自变更,让很多上司根本无法预测下属的真正行动,很难彻底放心。

决策变通、执行变通、程序变通……中国人喜欢变通,有时甚至会变到令人心惊肉跳的程度。富有经验的上司心里大多明白:很难找到完全听话的下属。确切地说,能力差的人相对比较听话,能力越强的人,意见往往越多,变通行为随之越多。在中国社会,这是很常见的现象。

❖ 分析四

西方的上司之所以能毫无顾忌地发号施令,是因为西方人大多会明确地在接受号令与不接受号令(申诉)之间表明态度,对事不对人地选择自己的行为。

中国的上司很少这样做,是因为大多数中国人既不愿意完全接受号令,又不喜欢当面拒绝或申诉,一旦起了冲突,后患无穷。

❖ 分析五

孔子主张"相处有敬",在上司与下属的互动中,上司对下属的"敬"可以理解为"看得起"。作为上司,既然要让下属知道自己是看得起他的,那么在下属有所请示的时候,自然不能痛快地给予指示,甚至毫无顾忌地发号施令,而应该客气地说:"你自己看着办好了!"

其实,即使上司明白地给予了指示,大部分下属依然会在执行的过程中进行适当的变通——一方面是为了更好地完成任务，让上司满意；另一方面是为了提高自己的变通能力。

在指示不被明言、变通随处可见的情况下，无论结果是好是坏，下属都有话可以说。

比如，成绩斐然时，下属可以说："你们以为效果良好是因为指示正确？其实不是。坦白地说，如果不是我在执行过程中适时调整，根本不会有这样的效果！"

再如，结果不理想时，下属可以说："我已经尽了最大的努力，一再调整，结果还是这么糟。如果严格按照指示去做，结果恐怕会更糟！"

说　明

争功诿过很常见，因为大家普遍主张功赏过罚，谁都不愿意承认自己有过错。深谙这一道理的人都知道，凡事只要结果圆满就好，过程中有些变更不重要。

上司对下属说："你自己看着办好了！"这短短一句话包含了很多层意思，我们逐一分析。

首先，上司可能是在提醒下属：你是不是真心请示？如果是真心请示，你就应该详细地说说自己的想法，并提供一些靠谱的佐证资料，而不是不加思考地要求我给指示。

其次，上司可能是在表示自己对下属的能力的信任：这类事情，只要你认真去做，就能够做得很好，实在用不着我操心，如果真的遇到了解决不了的问题，再来找我吧。

最后，上司可能是在告诫下属：我如此看得起你，你一定要对得起我的"看得起"，尽全力做好这件事，如果遇到困难，务必及时请示，我们合力突破瓶颈。

如此分析下来，大家应该能够了解为什么下属做得不好时上司会毫不客气地给予指责了，因为上司从来没有真的决定不管啊！

要　则

◎ 下属坚持要问清楚上司的指示时，大多数上司仍然会遵循不明言的原则给予指示，目的是让下属意识到千万不可以认为有了上司的指示，自己便不需要承担责任了。

◎ 作为下属，面对上司的指示，一定要认真思考、衡量。这事到底行不行得通？执行起来有没有困难？遇到困难应该如何克服？如此执行可能产生什么后果？这都是需要下属自己思考的。

◎ 作为下属，希望上司看得起自己，就应该切实将分内的工作做好，而不仅是做对。

心 得

请写下您的阅读心得。

第九章 会商的技巧

导 言

中国人最拿手的会商技巧，其实是时常被人诟病的会而不议、议而不决、决而不行。行之日久，如今，很多人在使用这些技巧时歪扭了技巧的本意，这才显得这些技巧问题百出，似乎有百害而无一利。

我们尝试揭开这些技巧的真面目，大家便不至于有类似的误解。

会而不议——中国人主张的"不忧不惧"并不是"不知忧惧"或者"将忧惧置之一旁，不予理会"，而是"应该事先防范，使自己无所忧、无所惧"；同理，"会而不议"提倡的是在开会前充分沟通，让彼此有相当的了解，以致开会时不需要商议，很快就能够达成共识。

中国人开会，在不了解情况的人看来是相当形式化的，但如果能切实做到在开会前明确规划、充分沟通，那么，开会时，一提出议案，大家立即无异议通过，有什么不好？

开会前充分协调、沟通，开会时圆满达成共识、协议，这才是理想的"会而不议"。

议而不决——开会时，若大家有不同的意见，主席会让大家充分地发表意见，并不急着裁决，也不急着用表决的方式达成决议，这就叫"议而不决"。

为什么要"议而不决"？因为强行决议难免会伤害某些人，使他们很没有面子，为决议的执行制造障碍。

要知道，私下里，中国人是比较容易说实在话的，也比较容易沟通，但在公开场合，很多人会倾向于说些冠冕堂皇的客套话，不太容易沟通。议而不决，重点不是不决，而是不在公开场合强行表决或径自裁决，适当地拖延一下，待散会再协调，以便下一次开会时可以轻松地会而不议，顺利解决相关问题。

决而不行——决议后理应切实执行，但在执行的过程中，如果遇到变数，要善于根据实际情况进行调整、优化，以求圆满地完成任务，这才是"决而不行"的本意。如并未依照决议执行，评判相关行为是否正确的关键在于变更得是否合理，只要合理，大家就应该接受；不合理，大家当然不会接受。

决议与执行之间有多大的弹性，相关人员必须达成共识。大家相互信任，且变更的效果良好，才可以放心地"决而不行"，否则，决议后，大家必须努力执行，不能擅自变更。

由情入理——总的来说，中国人的会商技巧遵循的是"由情入理"这一原则，即以情为先，达成合理的协议。

聊天、沟通、谈判，这是3个不同的行为，但是不需要清楚地区分。中国人最妙的处事方法是能够将三者混在一起——由聊天开始，使对方无所戒备，在聊天的过程中征求意见，类似于沟通，并适时据理力争，行谈判之实。

情，通俗地讲就是"面子"，尽量让对方有面子，是中国人会商的第一要项。所谓"会而不议""议而不决"，都是在顾虑参会者的面子，至于"决而不行"，则是大家给决议者面子的行为，让决议保有若干弹性、让决议案格外高效地被执行。

中国人普遍爱面子，在互留面子的基础上进行会商，阻力最小，成功的概率最大，何乐而不为呢？

会而不议

个案

◈ 个案一

某公司召开股东大会，不仅定了一个很不合理的时间，还将地点选在了大家很不容易找到，就算找到了也很难停放车辆的地方。在这种情况下，很多股东好不容易赶到会场时，发现会议早已结束，只留下若干服务人员等着给他们送上精美的纪念品。

这样设计股东大会，无非是想获得会而不议、不议而决的效果，让所有股东无异议地接受董事会、监事会的提案，就算会后有股东不满意，也可以分别安抚，比较方便沟通。

◈ 个案二

某同业工会为了鼓励成员出席会议，特别礼聘学者、专家到场演讲，但因为工会的决议并没有太强的约束力，多数成员并不热衷于讨论议案。

该同业工会开会时，往往不是会而不议，就是成员们各执己见，势如水火，很难达成共识。

◈ 个案三

某公司的总经理召开为期3天的经营策略会议，把公司内的高阶主管及其眷属带到了某名胜景区的观光饭店，亲切地说："本次会议的主要目的是慰劳多年来辛苦工作的诸位同事，前两天，大家自由享受此地的新鲜空气和美景吧！至于经营策略，我将在最后一天的会议中提出来请教各位。"

两天的快乐时光转瞬即逝，第三天，总经理言而有信地召集大家商讨经营策略——总经理用10分钟的时间介绍了"内外均衡，多方发展"这一经营策略后，大家鼓掌通过，会议宣告圆满闭幕。

大家轻松地踏上归途时，没有人觉得此会开得奇怪或抱怨会而不议。

问题一：为什么在中国社会经常出现会而不议的情况？

问题二：为什么大规模会议很容易流于形式？

问题三：为什么小规模会议的参会者经常各说各话？

问题四：中国人怎么才能做到会而有议？

问题五：站在参会者的立场上思考，怎样参会才能够"说到不死"？

请把您的高见简要地写下来。

分析

◇ 分析一

在中国社会，会而不议的情况相当普遍，究其原因，大概有以下3点。

第一，唯恐引起争议，破坏和谐的气氛。中国人开会，常见的是异口同声地表示赞同或吵吵闹闹地各说各话，很少能够平心静气地集思广益。一般来说，会议主导者德高望重或比较强势，大家容易一团和气、十分和谐地达成共识。若会议主导者资历不深或态度软弱，大家说不定会七嘴八舌地吵闹不休。只有在会议主导者处事圆通、善于协调的情况下，大家才会心平气和地畅所欲言，归纳出若干具体的决议。

第二，生怕有人声势太大，会议现场失去控制。既然召开会议，当然希望获得好的意见，但是，决定性的意见最好由身份合适的人提出。在会议上让大家有话随便说，万一出现不可控的情况，如何是好？

第三，防止有人意气用事，形成对立。中国人最怕撕破脸，一失和气，便很容易形成对立。在会议上，如果出现两种极端的意见，而且各有支持者，会议主导者很难控场：虽说真理越辩越明，但实际上容易越说越伤对方的面子，形成派系对立，难以收场。

◇ 分析二

中国式会议，规模越大，越容易流于形式，为了避免情况不受控制，只好会而不议——无论大小事宜，都在会前充分沟通，以便会上很快鼓掌通过。

规模越大的会议，越要谨防会上冒出扰乱会场秩序的异议分子。

◇ 分析三

小规模会议允许参会者各说各话是因为讨论较容易得到控制，最后的结论通常还是由会议主导者给出。

在场面可控的情况下允许大家自由讨论，更容易获得大家的称赞："这是民主的会议，大家充分投入，知无不言，言无不尽，效果非常好！"

❖ 分析四

想要真正做到会而有议，至少应该满足以下 3 点之一。

第一，会前充分沟通，达成共识。若开会时已有方向上的共识，讨论的只是细节问题，大家是可以畅所欲言的，只要注意自己的身份，使用合适的音量、语气，保持适当的礼貌，就不至于出什么差错。

第二，有决定权的人不在场，会议由其秘书或指定的人代为主持，帮其表达初步的构想。在这种情况下，参会者更有可能畅所欲言，充分表达自己的观点。

第三，会议主导者尚没有想法，诚意听取大家的意见。中国人善于察言观色，确认会议主导者真的想纳言后，大多数参会者是愿意说出自己的想法供大家参考的。

❖ 分析五

想要说到不死，至少应该满足以下 3 点之一。

第一，会前看清议题，充分思考，并提前与上司沟通。先了解上司对我们的意见的看法及上司对我们想要表达的观点的态度，再决定是否发言、具体说些什么，更为稳妥。

第二，会上不要抢先发言，以免先说先死。先听听别人的发言，了解一下会议主导者和大多数参会者的态度，再适时调整自己的思路，选择合适的时机进行发言，站在不说的立场上说，追求言必有中，如此，才能说得恰到好处。

第三，随机应变，适时调整、完善自己的意见。与先发言的人有相同的意见时，要加以利用，以争取其支持；与先发言的人有相反的意见时，要避重就轻，以弱化其抵触情绪。发言后，如果有人表示反对，不应该即刻反驳，最好等待片刻，看看其他参会者有何反应，同时认真思考一下反对者的意见是否有值得接纳的亮点。要适当坚持，但不要固执己见，不卑不亢的态度才是自信的表现。

说 明

站在会议主导者的立场上，做到以下 3 点，有助于实现"有会必议"。

第一，重视会前沟通，使大家明白开会的用意，保证大方向上的一致。会上，如果能很快地达成共识，不需要多议，应该适可而止；如果大家议论纷纷，或者各执一词，不要强求当场议出结果，可以暂时休会，再行沟通，以免形成对立的局面或出现僵局。

第二，尽量少说话，把说话的机会让给参会者。会议主导者少说话，参会者才有更多的时间和机会发言。遇到爱说废话的参会者，要适时制止；遇到有宝贵意见的参会者，要给更多的发言时间，以提升会议的品质。听到赞同或不赞同的意见时，切忌喜怒形于色，也不要立即进行评价，以免影响大家的发言。

第三，不要亲自论述导向性明显的观点，可以委托他人论述，以免参会者碍于情面，不敢直言。很多公司开会时喜欢安排总经理第一个论述自己的观点，为会议定调，殊不知这样做很难获得集思广益的效果，是有损于"有会必议"的安排。

不管是会而不议还是会而有议，正视大家的意见，在和谐的气氛中得到合理的决议才是最终目的。

要 则

◎ 不要因为反感被异化的会而不议、议而不决、决而不行而拒绝深入了解会而不议的真章。

◎ 因为会前已充分沟通，所以开会时能无异议通过，这样的会而不议既可以节省时间，又能够促进和谐、提升会议的品质，何乐而不为呢？

◎ 因为会前沟通比会中商议方便、高效得多，所以面对比较棘手的议题，会而不议不失为一个好的选择。

心　得

请写下您的阅读心得。

议而不决

个 案

◆ 个案一

汪经理主持会议，针对议题，张三、李四、王五分别发表了自己的意见。汪经理听了他们的意见及各自的理由后，果断地裁示："我认为李四的想法最合理，就按他的想法执行吧！"见大家没有异议，汪经理满意地宣布散会。

散会后，张三很快离开了会议室，愤愤不平地想："这件事，我绝不再管，有事找李四好了！"王五呆坐在会议室里良久，直到有人拉了他一把，他才回过神来，喃喃自语道："这样也好，后面就没有我的事了。"李四则叫苦连天，因为经验告诉他，实际执行时，张三、王五都会袖手旁观，甚至故意刁难，让他寸步难行。

◆ 个案二

龚处长主持会议，针对议题，赵七、魏八、孙九分别发表了自己的意见。龚处长听了他们的意见及各自的理由后，巧妙地对他们的意见进行了混合，形成了一个混合式决议，并得意地宣布："三位的意见都有独到之处，如今取长补短，形成这样一个包含所有优点的决议，相信会有很好的实施效果！"

大多数参会者闻言表面上默不作声，心里暗觉好笑："这样的决议，根本行不通！"赵七、魏八、孙九都在想："反正采纳的不完全是我的意见，出了问题我也不用负责！"

◆ 个案三

刘总经理主持会议，针对议题，朱甲、倪乙、苏丙分别发表了自己的意见。刘总经理冷静地听了他们的意见及各自的理由后，客气地询问了其他参会者的看法，发现三人都有不少支持者，也都不乏反对的意见。见大家讨论得很热烈，刘总经理并未急于给出裁示，而是平静地说："既然大家有这么多的不同看法，我看我们不必急于得出结论，大家回去再仔细想一想吧，过两天再开个会决定此事。"

散会后，大家一边梳理自己的思路，一边继续三五成群地讨论着，刘总经理则因为自己比较认可苏丙的意见，所以将苏丙单独请进了自己的办公室。

办公室内，刘总经理问苏丙："你觉得你的意见成熟吗？还能继续完善吗？"通过这一问话，对于总经理的态度，苏丙立刻心中有数、谦虚地回答："我再想一想，也和朱甲、倪乙商量一下，看看有没有更好的意见。"

看见刘总经理单独找苏丙谈话，对于刘总经理的倾向，朱甲、倪乙也都心中有数了，因此，在苏丙前来沟通时，他们都谦虚地接受了他人意见的亮点，很快便一起完善出了更优的意见，由苏丙向刘总经理进行了汇报。

带着更优的意见，刘总经理再度召开会议，这次，大家都没有不同看法。皆大欢喜，刘总经理这才宣布："既然大家的看法相当一致，就这样执行吧！"

问题一：会而不议、议而不决、决而不行，这三者真的只有问题、没有可取之处吗？三者之间有没有密切的关系？相关问题能否分别解决？

问题二：应该如何评价汪经理、龚处长对会议的主持？

问题三：怎样主导会议更有利于会议目标的实现？

问题四：既然刘总经理在会上就认为苏丙的意见最佳，为什么不当场说明，而要在散会后将苏丙单独请进自己的办公室？

问题五：针对刘总经理的行为，朱甲和倪乙会有怎样的想法和态度？

请把您的高见简要地写下来。

分析

◈ 分析一

中国人开会，最受人诟病的就是会而不议、议而不决、决而不行，这三者有着极其密切的关系，往往同时出现，很不容易分割。

其实，真正能会而不议、议而不决、决而不行且不产生后遗症的会议是最有效的会议，可惜很多人一方面体会不到其中的奥妙，另一方面达不到如此圆通的程度，才对这种会议进行恶意评价。

◈ 分析二

汪经理和龚处长对会议的主持都会导致会而不议情况的出现，且是很可能产生后遗症的负面的会而不议。

如果将张三、李四、王五和赵七、魏八、孙九都看作参加比赛的选手，汪经理和龚处长扮演的就是裁判的角色。汪经理相当独裁，直截了当地判明李四独胜，并当场颁发了奖牌，龚处长则主张参与便有奖，让相关人员同时得奖。不管是一人得奖还是人人有奖，评判的过程都没有其他人的参与，如此决议，很难让大家心服口服。日后，一旦出现负面情况，汪经理和龚处长很难不被诟病。

◈ 分析三

会议主导者最好不要以裁决者的身份自居。很多会议主导者不明确自己的身份定位，一见有人发言便把对方视作发问者，立即给予答复或评价，导致愿意发言的人越来越少。对会议主导者来说，将自己视为召集者或主持人更为合理——应该善于隐藏自己的意见，让参会者有机会表达相同或不同的看法，以便集思广益。

实际工作中，会议主导者的话越少，参会者发表意见的积极性越高；会议主导者看上去越没有想法，参会者越可能挖空心思地给出让人意想不到的意见；会议主导者越有真心纳言的态度，参会者越敢畅所欲言。

此外，会议主导者也不需要扮演调停者的角色。若会议主导者缺乏主见且没有能力给出正确的决断，常东拼西凑地综合大家的意见，给出不着边际的综合性决议，没有人会觉得自己应该对相关决议负责，更没有人会尽心尽力地促成决议案的顺利实施。

◈ 分析四

刘总经理经验丰富，深知在会上支持任何一个人的意见都会伤害未被支持的人，也知道就算勉强把大家的意见整合起来，大家也未必开心。因此，面对大家在会上的意见分歧，刘总经理选择议而不决——暂时搁置争议。

决定暂时搁置争议后，刘总经理更为圆通的举动是有功不居，不求公开展示自己的英明——他听出了苏丙的意见更合理，但为了顾全大家的面子，在会上什么都没说，会后才将苏丙单独请进自己的办公室。刘总经理的高明之处在于明白办公室内没有秘密可言，大家猜出苏丙的意见更受他的重视后，会自觉地向着正确的方向努力探索。

◈ 分析五

如果朱甲、倪乙明白事理，就应该感谢刘总经理在会上顾全自己的面子的一番美意，在合理的情况下给苏丙以支持，努力将自己的意见的亮点与苏丙的意见结合。

苏丙从刘总经理的办公室出来后，想必会诚心诚意地向朱甲、倪乙请教，以求自己的方案更完善。此时，朱甲、倪乙可以借机贡献自己的智慧，帮助苏丙整理出更完善、可行的方案。

再次开会时，由于大家已在会前达成共识，决议很容易形成并得以顺利通过。

类似的决议，如果是未经充分沟通、协调，由任何人单独提出的，可能会有后遗症影响其顺利执行，但如果是已经经过充分沟通、协调，大家齐心协力地提出的，便是难得的优秀决议。

说明

中国人的议而不决的重点不是"不决"，而是"不可以强行决议"。有趣的是，在会前、会后，中国人都比较容易沟通，偏偏在会上难以沟通。在会上强行决议，不顾一切后果，是极其不明智的做法。

议而不决的解决途径是会而不议——会前良好沟通，会上就没有什么好议的。中国人常把开会视为形式化行为，这究竟是好还是不好，往往不在于当下，而在于前期工作有没有做好。

要则

◎ 想要做到"会而不议"，必须在会前进行充分的沟通，因为达成协议并不是一件简单的事。

◎ 如果会前已充分沟通，依然"会而有议"，多是因为情况有变，以致协议必须变更。遇到这种情况，会议主导者不必急于"议而有决"，不妨拖一拖，待会后再次进行充分沟通，以免草草决议后"决而不行"，更为棘手。

◎ 不可存心"议而不决"，否则会议会越来越形式化，很难获得理想的效果；也不可强求"议而必决"，否则很可能导致参会者为达目的不择手段，留下祸根，增加未来的问题化解成本。

心 得

请写下您的阅读心得。

决而不行

个案

公司规定，出差人员要在出差结束后的一个星期内结报差旅费。针对很多人逾期未结报的情况，财务负责人提请会议公决：切实依照公司规定执行。然而，会议公决后，逾期的人依然不急着结报，财务负责人也不敢真的按决议案行事。

无独有偶，会议公决"业务人员不能私自贩卖非本公司生产的产品，否则轻者罚款，重者解雇"后，业务主管仍旧睁一只眼、闭一只眼，不愿意切实按决议案行事。

再举一个例子，某部门制订工作计划后提请会议审核，会议审核后决定修正通过，部门负责人拿到了修正案，却依旧我行我素，按照自己制订的计划执行，被追责时，用一句"修正案根本行不通，只好按原计划办"便搪塞了过去。

每次会议，多少会有一些决议成果——大家讨论后，期待会后认真执行，获得更好的效果。可惜决而不行，或者行而不力的情况并不罕见，甚至可以说是很常见，究竟为什么会这样呢？

问题一：决而不行真的是只有问题、没有可取之处的行为吗？

问题二：决而不行的真正用意是什么？

问题三：为什么会有人不愿意切实按决议案行事？

问题四：如果决议案难以切实推行，应该如何应对？

问题五：真的有人能够做到100%地按决议案行事吗？

请把您的高见简要地写下来。

分 析

◈ 分析一

决而不行并非一定是错误的行为。例如,公司规定出差人员要在出差结束后的一个星期内结报差旅费,对大多数人来说是能做到的,但对某些身居要职、每次出差结束后都有很多急事等待处理的人来说是很难做到的。如果坚持按规定给予处罚,似乎合法,但不合理,很容易让人感觉公司不近人情。

有人主张既然某事已明定为规定,就应该杜绝例外,严格执行。事实上,说起来容易,做起来实在困难,以差旅费的结报期限究竟应该设置为多少天才算合理为例,恐怕见仁见智,不同岗位上的人有不同的说法。如果应该结算差旅费的人手头始终有重要且紧急的工作要做,放下这些事优先结算差旅费真的是合理的做法吗?事情是比较后才知轻重缓急的,这是更重要的道理。

◈ **分析二**

决而不行，如果是为了适应实际情况而有所变更，类似于持经达变，是可以的，也是应该的。有人认为变更决议前应该征得所有相关人员的同意，这种说法没错，却难免有行不通的情况，比如召集会议不易、变更时间紧急。实际工作中，只好信任决定变更的人。

决议后，若有人提出新的意见，执行者到底是应该接受还是最好拒绝？答案是"很难讲"。虽然说合理的意见应该接受，不合理的意见应该拒绝，但是，究竟什么是合理的意见？理不易明，这个问题很难回答。在这种情况下，决而不行是被迫的，需要尽快采取措施解决问题。

◈ **分析三**

以个案为例，会议公决"业务人员不能私自贩卖非本公司生产的产品，否则轻者罚款，重者解雇"后，请问应该如何切实按决议案行事？被抓到的人会矢口否认，没有被抓到的人则绝对不可能无缘无故地自首。若主管抓到某丙违规，报请惩处，公司立刻将某丙解雇倒也罢了，万一高层领导只是笑笑，说某丙几句，并不解雇他，该主管日后如何与某丙相处？再说，如果某丙提出申诉，没有监控视频等佐证，孰是孰非该如何判断？

这种令执行人执行难、不执行也难的决议案，决议时往往不会遇到太大的阻碍，但执行时的难度很难为局外人所充分理解。若是因此决而不行，我们把全部责任推给执行者，真的合理吗？

由此可见，不愿意切实按决议案行事，有时不完全是执行者的问题。

◈ **分析四**

如果决议案难以切实推行，应该设计一套辅助系统，辅助推行。切忌单纯地指责决而不行但不采取措施，否则，很容易导致大家口是心非，养成阳奉阴违的不良习惯，使公信力不彰。

◈ **分析五**

100%地按决议案行事的情况并不多见。事实上，评价决议案的推行效果是否理想，受要求的严格程度影响，用接受变通的态度衡量和用不接受变通的态度衡量，同一个行为会获得不同的评价。

人与人之间必须有信任、理解、支持，才能够合作。如果刻意怀疑、挑剔，甚至有意丑化合作伙伴，再合理的决议案也难以落实，无法获得圆满的效果。

说明

执行者按决议案行事时，受益者大多会觉得执行者十分公正，利益受损者则很可能会抱怨执行者偏心、专门找自己的麻烦。合理化解利益相关方的各种情绪，是助力决而必行的主要工作。否则，不满的人会抗拒、破坏、阻碍决议案的推行，严重时导致决而不行。

在分析中，我们讲了一些能够获得理解的决而不行的行为，与此相对，有些决而不行的行为令人厌恶，是我们应该注意规避的。

私心严重的决而不行的行为是不可原谅的。比如，迟报差旅费的人职位较高，财务负责人因害怕影响自己的前程而唯唯诺诺地决而不行。

恶意不合作的决而不行的行为同样不可原谅。比如，会议审核修正了某部门的工作计划后，部门负责人一意孤行，抱着"你们随便决议，我们绝对不改"的心态恶意不合作。这件事，A 部门不合作，那件事，B 部门不合作，如此一来，公司很容易陷入混乱的局面，甚至会四分五裂。

要则

◎ 评判某决而不行的行为究竟对不对，不能只看表象，必须深入分析其行为动机。中国人善于变通，因此，应该更仔细地分析其行为背后的目的，不要盲目指责、埋怨，以免伤和气。

◎ 若判定执行者决而不行的行为是恶意不合作，最好进一步追查其是否有营私舞弊的不良企图，以便将负面行为扼杀在摇篮里。

◎ 若决而不行的行为是在随机应变的基础上出现的，以更好地落实决议案为目的，执行者应该得到表扬与鼓励。

心 得

请写下您的阅读心得。

由情入理

个案

◈ 个案一

李总经理召开主管汇报会，在会议开始时宣布："大家都很忙，会议时长最好不要超过 90 分钟，希望大家合理把握时间。"

明确会议时长后，李总经理首先说明了汇报会的主要议题是海外投资情况，随后对公司的整体构想和业务进展情况进行了详细描述，在此过程中，还讲了很多他出国时的所见所闻、相关思考。整整讲了 70 分钟后，李总经理看了看表，说："时间不多了，还剩下 20 分钟，大家抓紧时间，多多发表意见。"

参会者不是你看看我，我看看你，就是眼观鼻，鼻观口，自己看自己。等了一会儿后，李总经理见大家没有话要说，宣布道："如果大家都没有意见，就按刚刚说的构想去执行吧，散会！"

◈ 个案二

王经理召开主管汇报会，大家发言十分踊跃，承担记录工作的萧君叫苦连天——大家七嘴八舌，说的都是题外话，不是借机发牢骚，就是趁势吹嘘自己，毫无重点，让他无从下笔。

王经理重申了好几次会议主题，但大家充耳不闻，依然想说什么就说什么，发言毫无逻辑与重点。王经理见实在掌控不住场面，只好无奈地宣布："我们另外再找时间开会吧，希望大家能够在会前对自己的意见进行整理与归纳，以便发言时紧密围绕会议主题。"

问题一：李总经理召开会议，在会议开始时将时间限制说得如此明确，好不好？开会时，自己用掉大半的时间，对不对？

问题二：为什么绝大多数中国人不太喜欢在参会时第一个举手发言？

问题三：身为会议主导者，李总经理如何调整自己的态度比较合理？

问题四：王经理召开的会议为什么会有几乎完全失控的情况出现？

问题五：您如何看待个案一中的过分保守的会议和个案二中的过分自由的会议？

请把您的高见简要地写下来。

分析

◈ 分析一

李总经理的行为，是将汇报会开成了宣布会的行为——会议全程只听到了总经理宣布事项，未见众人讨论或发表意见。李总经理这样的会议主导者往往对发言情有独钟，不说则已，一说就停不下来。李总经理用长篇大论毫无顾虑地对参会者进行疲劳轰炸后，参会者均无精打采、疲惫不堪，当然会无话可说。

作为会议主导者，在会议开始时说明时间限制，此举没有问题，但李总经理忽视了中国人善于听潜台词的特点——严格限制会议时间的要求，会被很多参会者视为"不希望有太多意见"的暗示。更何况对会议时间进行了限制后，李总经理自己一口气讲了90分钟中的70分钟，证实了参会者对他根本没有想让大家发表意见的猜测。在这种情况下，有谁会发言呢？

我们并不反对在会议开始时，甚至在会议通知单上说明会议的时间限制，因为此举能敦促大家长话短说，高效利用会议时间。但是，作为会议主导者，限制会议时间后应该妥善分配有限的时间，以身作则，切忌"只许州官放火，不许百姓点灯"。

❖ 分析二

在中国社会，会议主导者明确了会议议题，要求参会者发言时，通常会出现一段沉默期——绝大部分参会者不愿意第一个举手发言。

参会者的沉默，一方面是为了表示谦虚，礼让资历深的、有想法的人，让他们优先发表意见；另一方面是慎重的表现，先听听其他人的意见，再仔细思考、完善一下自己的意见，以便发言时说出的观点是正确的、被广泛认同的。

❖ 分析三

身为会议主导者，李总经理应该尽量少说话，把时间让给参会者，这样才有希望获得大家头脑中的金点子，优化会议效果。

只要会议主导者不怕冷场，耐心地等待几分钟，度过大家踊跃发言前的沉默期，会议现场的发言、讨论状态就会被激活。

❖ 分析四

如果王经理年轻识浅、缺乏声望，很可能会压制不住参会者的表达欲。如个案二所述，参会者不是借机发牢骚，就是趁势吹嘘自己，而身为会议主导者，王经理竟然毫无办法，可见参会者对他的尊重和重视十分有限。出现这种情况，与王经理的随和无关，也不是王经理和下属关系好的表现，而是说明现场已经失去控制，进入无政府状态了，非常危险。

如果王经理年迈昏庸、不谙会议规则，导致参会者存心如此，想看上司的笑话，说明公司用人有误或领导关系、合作关系堪忧，公司管理者需要加以重视，及时采取合理的调整措施。

◆ 分析五

过分保守的会议，重视伦理甚于重视对问题的解决；过分自由的会议，重视个人意见的表达甚于重视伦理，这两种会议，都很难取得良好的会议效果。

参加过分保守的会议，不仅有口难开，还很容易因言谈举止不当而得罪他人；参加过分自由的会议，不仅难有收获，还很容易被过于杂乱的信息包裹，浪费时间和精力。发现会议状态不佳时，会议主导者应尽快调整策略，合理地扭转会议走向，以免让真正想通过会议解决问题的人大失所望。

说　明

合理尊重伦理，依法解决问题，这是好好商量的正道。所谓"伦理"，是人与人相处的联系纽带，能够把社会中的人联系起来，共同发挥安定社会秩序的作用。世界各国的学者大多认定尊重伦理是中国传统文化的一大特色，可见伦理文化对中国人的影响有多大。

有问题应该尽快解决，有意见应该说出来，但是，必须以尊重伦理为前提。在伦理允许的范围内表达意见，才能实现好好商量这一目标。

开会前充分沟通，开会时不容易出现难以解决的争议。这种会议看起来形式化，但功效显著，参与者都不会丢面子。因此，我们不能简单粗暴地认为所有形式化的会议都是无效的。

开会时出现争议，会议主导者切忌火冒三丈，大事化小、小事化了地进行处理，更有利于圆满地达成共识。能否让大家平心静气、理性地沟通，很见会议主导者的功力。

会议主导者的行为不一定完全无误，身为参会者，同样有维持会议秩序、优化会议效果的责任。合理地坚持自己的想法，在尊重伦理的基础上发言、互动，才是圆通的处事行为。

要 则

◎ 不管是会议主导者还是参会者,都应该带着好好商量的心态,在承认"谁都未必全对"的基础上寻找讨论的合理点,衡情论理、由情入理。

◎ 由情入理的要旨是通过加强情感交流,促使各方主动调整自己的观点,力求合理。

◎ 想要获得合理的结果,约束自我、自觉讲理、尊重他人、礼貌沟通,缺一不可。

心 得

请写下您的阅读心得。

第十章

合理的兼顾

导　言

中国人向来重视"兼顾"，不管面对什么问题，都希望大家不要一厢情愿地单方面探究，而应该多方面入手，多角度观测、评价。

合理地兼顾，换句话说就是"兼顾到合理的地步"。是否合理，是兼顾得是否有效的标准。

表面上看，中国人有"好不好都犯忌""听不听都可以""找不找都不行""罚不罚都有理"的特点，简直是乱七八糟、毫无道理。实际上呢？五千余年文化的熏陶，让中国人的为人处事有特殊的技巧，擅长"清清楚楚地含含糊糊"，可提炼出以下3个要点。

第一，替问话的人保留面子。问话的人，听到清清楚楚的答案，难免感觉懊恼——我怎么连这么简单的道理都不知道，甚至自觉难堪。而若答话的人答得含含糊糊，问话的人自行体会出答案后会觉得"不是他说得清楚，而是我听得明白"，相当有面子。

第二，坚决不说谎。若照实说，大家不好受；不照实说，是在说谎，那么说得含含糊糊，有"既未说谎，又未照实说"的妙处，岂非两全其美？

第三，暗示对方不要问不应该问的话。若碰到有人问不应该问的话，我们不回答，或明说"你不应该问这些问题"，对方一定会觉得没面子，万一恼羞成怒，事情不好收场；我们照实回答也不妥，不仅自己不情愿，而且可能会被别人笑话。此时，我们可以含糊作答，让对方在不丢面子的情况下明白他不应该问这些问题，或者不应该这样问。

沟通中，中国人居然主张"听不听都可以"，令西方人感觉十分奇怪。具体而言，中国人听话的态度可以说是"既不要听，又不要不听"——抱着"你说归你说，我听归我听，我不会轻信你"的态度听。中国人说的"不信"，实际上是站在不信的立场上信，目的在于"相信得恰到好处"。

第十章 合理的兼顾

处理事情，中国人讲究"兼顾"。比如，工厂招不到人，总经理的态度是"招不招都不行"——拼命招人，招到不合适的人，很可能导致人来了不久就走，越招人越少；不用心招人，很可能导致工厂缺人手，很多工作停摆。在"招人"与"不招人"之间，有很多问题需要解决，如果不沟通、不达成共识，很容易互相埋怨，导致问题迟迟得不到解决；反之，如果能在若干观念上达成共识，则招与不招，都能够解决问题，这才是中国人处事的奥妙所在。

中国人处事讲究"坚持原则"，不可"离经叛道"。不过，在此基础上，中国人知道坚持原则的行为可能会引起别人的不悦，甚至得罪别人，故会在"坚持原则"之前加上4个字，即"广结善缘"。"广结善缘"与"坚持原则"共存，才是真正的"权不离经"。

广结善缘，叫作"圆"；坚持原则，谓之"方"。内方外圆，就是用广结善缘的态度，行坚持原则之实。

天圆地方，指导着我们巧妙地结合"方"和"圆"。内心坚定、有原则，外表圆通、善在圆满中分是非——阴阳两极构成反S曲线，象征着中国人"圆变方""方变圆"的兼顾特点。

好不好都犯忌

个案

李君毕业于某商学院，立志要做一个真诚、正直的商人。

踏入社会后不久，李君便注意到了一个现象——商场上，大家的对话很虚伪，比如，见面时问及近况，大家往往会不约而同地回答"差不多啦"，或者"马马虎虎"，什么信息都不透露。

对此，李君非常不满，他告诫自己，绝对不能被这些"虚伪的商人"同化，一定要树立新的作风，塑造良好的商人形象。

下定决心后，每当被人问及近况，李君都据实以告："还不错，利润相当理想。"

结果呢？慢慢地，李君身边的好朋友都远离了他，而坏朋友闻讯而至，李君吃了不少哑巴亏。

事后，李君再三反思，才明白曾经被他嗤之以鼻的含糊作答的背后有大智慧。

问题一：李君据实告诉朋友他的利润相当理想，为什么会导致他身边的好朋友都慢慢地远离了他，而坏朋友闻讯而至呢？

问题二：李君告诉朋友他的利润相当理想后，若朋友开口向他借钱，会出现什么样的情况？

问题三：若李君意识到自己将自己的利润说得太理想会惹来麻烦事后，改口将自己的利润说得很差劲，会出现什么样的情况？

问题四：若说好、说坏都犯忌，究竟应该怎么说话？

问题五：把话说得含糊不清，到底有什么好处？

请把您的高见简要地写下来。

分 析

❖ 分析一

李君据实告诉朋友他的利润相当理想，导致他身边的好朋友都慢慢地远离了他，而坏朋友闻讯而至的原因，至少有如下 3 点。

第一，没有赚到钱的人听说身边人赚了大钱，心里难免不是滋味。选择慢慢远离的人，大多是正直的人，那些偷偷靠近的人，往往是动歪心思的人，说不定会做出什么不好的事来。

第二，赚到钱并不是坏事，但中国人讲究"有福同享，有难同当"，说自己赚到了钱却不主动请客，难免给人故意炫耀的感觉，让好朋友不愿意继续交往，让坏朋友试图动歪脑筋。

第三，看到别人赚钱很轻松而自己赚钱很辛苦，大家难免心里不平衡。心里不平衡，态度上就不会很客气，偶尔讥讽几句，好朋友也会变成坏朋友。

若李君能将心比心地站在听者的角度思考问题，说话时有所顾忌，稍微含糊一些，情况应该会有所好转。

❖ 分析二

既然李君明确地说了自己的生意"还不错，利润相当理想"，那么，作为有通财之义的朋友，借些钱周转一下在所难免。朋友开了口，若不拒绝，自己的利益有可能受损；若拒绝，不可能不伤及彼此之间的感情，实在是让人两难的事情。

一边说自己的利润相当理想，一边不肯痛快地借钱给朋友，这样的人不吃苦头，谁吃苦头？

由此可见，钱财不露白，是物质方面的警惕；逢人不说好，是精神方面的警惕。

❖ 分析三

若李君意识到自己将自己的利润说得太理想会惹来麻烦事后，改口将自己的利润说得很差劲，会出现什么样的情况？依然可能是好朋友都慢慢地远离他、坏朋友闻讯而至！

为什么？我们分两种可能性进行分析。

第一，听到这种答案的人不相信李君。好朋友认为李君不够朋友，在心里嘀咕："我又没有打算向你借钱，你何必叫苦装穷？"心里有了隔阂，关系自然就疏远了；坏朋友认为李君故意藏富，很可能设计一探虚实。

第二，听到这种答案的人相信了李君。怕李君开口借钱时自己不好应对的朋友、认为和李君不会有更多合作机会的朋友，难免会选择慢慢地远离李君；偷偷靠近的，很可能是想趁虚而入或借机牟利的坏朋友。

由此可见，把自己的处境描述得很差，对自己也不利。

❖ 分析四

说好不成，说坏也不成，李君慢慢发现，面对类似的问题，大家常给含糊的回答是有一定道理的。

改变了以往极度厌恶的心态后，李君开始尝试着给出类似"差不多啦"的回答，结果呢？人缘果真变好了。

"差不多啦""马马虎虎"这类回答，含义相当模糊，没有太多实际意义，有助于说者随机应变，立于不败之地。"差不多啦"不是饱受诟病的"差不多先生"的专属用语，因时、因地制宜，是圆通的表现。

◆ 分析五

把话说得含糊不清，至少有以下 3 点好处。

第一，委婉地表达"请你不要侵犯我的隐私权"的意思，希望对方自省，使对方明白：问了也是白问。

第二，遵循"我绝不说谎，但是会保守秘密"的原则，实话不全说，谎话全不说。

第三，保住问话人的面子，不使其难堪。

说 明

技术人员在回答技术性问题时，绝对不可以含糊不清，必须清晰且正确，一是一，二是二。

面对非技术性问题，就没有必要这么刻板了。把所有事情都说得十分清楚，很可能虽然解答了眼前的问题，但是会引出更多的问题。

《日本的管理艺术》指出：组织里有几种情况，需要用含糊的方法应付，例如，意向不明（不说明要采取什么行动）；关系不明（人与人的关系、事实与结论的关系、因果关系等，均不下定论）；沟通不明（双方传递不清楚的消息）。这是重要的管理技巧。

日本人希望有规则可循，但是在很多地方，面对很多问题，他们也会把不清楚、不确定、不完美视为必然现象。威廉·大内调查、比较日美两国企业的管理经验后，针对日本人和美国人的控制方法，曾坦白地说前者是含蓄的，后者是清楚的。正因为如此，日本员工之间才有外人无法理解的信任与亲密关系，不像美国员工那样，用标准代替亲密，彼此漠不关心，很难有现代化工业社会所需要的合作关系与整体关系。

其实，西方哲学家们也承认不清楚、不明确、不完美是存在的。只是西方管理界，特别是美国管理界，深度接受马克斯·韦伯的主张，认为理想的组织形式应该使人们彼此隔离，强迫大家专精于技术，按照规定进行工作，以便保持公正的态度。斯坦福大学的利维特教授曾严正指责美国管理界对清楚可衡量事务的爱好已经超出了合理的范围。

如今，西方管理界在逐渐重视"模糊"在管理上的应用，这是其肯定模糊与清楚必须取得平衡的证明。"理性优于非理性""客观更为合理""数量比非数量更为客观"等观点经不起时代的考验，已有必要重新思考。

中国人深明"不应该含糊时，不可以含糊；应该含糊时，不可以不含糊"的道理，厌恶"不必要的含糊"，且精于"必要的含糊"。

必要的含糊，可缓和紧张的关系，减少不必要的冲突。给自己留有余地，这是含糊的重点。

要 则

◎ 不顾忌他人的面子，不考虑他人的立场，都是目中无人的表现，当然容易引起他人的反感。

◎ 说自己的情况很好，很可能引起他人的嫉妒；说自己的情况很糟，很可能引起他人的不安。无论怎么说，都可能产生不良的后果。因此，聊起自己的现状时，一定要慎言。

◎ 回答问题时，如果没有足够的考虑时间，或者一时难以明了对方的立场和情绪，不妨先给一个含糊的答案，等弄清楚情况、看明白形势，再将话说得清楚一些，更妥当、更安全。

心 得

请写下您的阅读心得。

听不听都可以

个案

某公司组织基层主管培训,礼聘知名的李学者、王专家前来授课,希望制订一套切实可行的方案,并尽快获得良好的实施效果。没想到,在培训现场,李学者和王专家提出了不同的主张,且都能够自圆其说,让各位基层主管听得一头雾水,理不出头绪。

李学者说:"公司最好制定'开门政策',总经理不应该反感越级报告。确保沟通渠道畅通、每位员工遇事时都可以随时向上报告,公司才能发展得更快、更好。因为在基层主管遇事时只能向中阶主管报告的情况下,万一中阶主管不予理会,或者故意歪曲事实、蒙骗总经理,公司利益很可能受损。"

王专家却说:"公司中,一切报告都应该按照层级,逐级上报。换句话说,不管是哪个职级的员工,遇事时都应该仅向自己的直接主管报告,这样才能确保报告系统有序、顺畅,不至于出现脱节的不良现象。在基层主管遇事时只能向自己的直接主管,即中阶主管报告的情况下,就算中阶主管不予理会,也是中阶主管担责,与基层主管无关。如果中阶主管故意歪曲事实、蒙骗总经理,应由总经理采取适当的措施进行整治,用不着基层主管操心。"

培训结束后,总经理问大家有什么收获,大家立刻一五一十地转述了李学者和王专家的主张,问总经理希望基层主管如何做。

总经理想了想,说:"李学者的主张没问题,我就不反对越级报告。既然大家是一家人,遇到事情,谁都可以向上报告。但是,关注层级也很重要,报告直接主管就能够解决的问题,为什么要越级报告?因此,王专家的主张也是有道理的,很多事情,直接主管最清楚,向直接主管报告,往往能最高效地解决问题。至于希望大家如何做,实在很难讲!"

问题一:您认为李学者说的"开门政策"适于实施吗?请简单评价一下。

问题二：越级报告，一般有哪些正当理由？

问题三：您认为王专家的主张有没有道理？请简单评价一下。

问题四：为什么总经理不肯明说他希望大家如何做？所谓"很难讲"，难讲在哪里？

问题五：您认为对一个公司来说，制定怎样的报告制度最合理？

请把您的高见简要地写下来。

分 析

◆ 分析一

李学者的主张没问题，但实际情况远比想象复杂得多。实施"开门政策"，各种意见会蜂拥而来，是是非非很难辨明，逐一处理费时费力，这便是"善门难开"这一说法的由来。

❖ 分析二

越级报告必须要有正当理由，否则，很可能会有人利用越级报告的机会制造是非，徒增同事间的怨憎和隔阂，使沟通渠道不顺畅。

最常见的越级报告的正当理由是主管认为自己既公正，又公平，下属则抱怨主管既不公正，又不公平，彼此立场不同，看法不同，需要第三个人介入评判。

❖ 分析三

王专家的主张是有道理的，但不全对——如果过于强调逐级报告，很容易出现"一手遮天"的"山头"、"军阀割据"的局面，总经理难以掌控全局，很容易被架空。

❖ 分析四

个案中的总经理深谙中国人的心理，知道很多事的答案都是"很难讲"。我们且站在"很难讲"的立场上，讲一讲针对越级报告，中国人应有的态度。

遇事应视逐级报告为"经"，视越级报告为"权"。在正常情况下，应该逐级报告，即遇事向自己的直接主管报告，此为"常道"——正常的沟通渠道；遇特殊情况，比如有紧急事项或者正常的沟通渠道确实走不通，可以越级报告，因为这是一种合理的权宜应变的方式。

❖ 分析五

对一个公司来说，应该让成员养成守经达权的良好习惯，凡事尽量通过正常的沟通渠道谋求合理的解决，除非正常的沟通渠道确实不通，或者情况非常紧急，如直接主管正好出差、一时难以联系，否则尽量不要权变，以免导致日后常道受阻。

简单地说，就是要站在不越级报告的立场上适时采取越级报告的举措，唯有如此，才能恰到好处地越级报告，充分发扬中庸的高度智慧。

在此基础上，对于越级报告，总经理最好给予"既不要听，又不要不听"的态度。

如果总经理坚决不听，下属诉冤无门，不利于公司的稳定与和谐；如果总经理认真地听，听后便应该给予恰当的处理，此时，怎样处理是牵一发动全身的难题。坚决不听有负面影响，认真地听也可能导致更多问题的出现，因此，应该"既不要听,又不要不听",兼采两者之长,去除两者之短。

说 明

作为总经理,面对越级报告,应该如何做到"既不要听,又不要不听"呢?

下属前来越级报告时,总经理可以一边听,一边忙手头的工作,表现得很想认真听,但实在无法认真听。等下属说完,总经理可以苦笑着说:"我看这样吧,你再去同你的直接主管谈一谈,等我这阵子忙完了,我会去找他聊聊的,你看怎么样?"并站起来拍拍下属的肩,鼓励几句。到这里,事情暂告一段落,总经理可以静观其变。

下属得到总经理的指示和鼓励后,能够理直气壮地去与自己的直接主管谈,而他的直接主管觉察此事已经被越级报告过总经理了,必然会小心地秉公处理。

总经理冷眼旁观,更容易客观地了解是非。如果越级报告者的直接主管对事情处理得妥当,总经理根本不用插手,只要在问题得以解决后把越级报告者找来宽慰几句,便大功告成;如果越级报告者的直接主管对事情处理得不妥,总经理也用不着找这位主管谈,只要把这位主管的顶头上司找来说说这件事,这位主管的顶头上司自然会去处理。

总经理应该认真对待越级报告,但要装作无法认真地听越级报告者的报告,这是什么道理?这是因为认真是必要的,但表现出认真反而不利于事情的灵活处理。圆通的处事技巧,大致如此。

要 则

◎ 中国人爱面子的特点确实会导致管理难度的提高,但既然这一特点是客观存在的,不如顺势给大家面子,让大家都有把事情做好的机会。懂得圆通管理技巧的上司,往往不会仅关注自己的面子。

◎ 工作中,听不听话都有可能被指责,因为听话不一定对,不听话不一定不对。在听话和不听话之间找到合理点,才能正确地听话。

◎ 逐级报告、逐级指挥是原则,越级报告、越级指挥则是应变的权宜措施。在整体遵循原则的基础上持经达变，更有利于合理地因时、因地、因人、因事制宜。

心 得

请写下您的阅读心得。

找不找都不行

个 案

某工厂招聘作业人员，但费了九牛二虎之力，仍然招不满需要的人。

有人建议优化招聘启事，添加较民主、可亲的字词，比如"诚征工作伙伴"，但如此操作之后，招聘效果并没有明显地好转。

请教甲顾问，获得的答案是"这种情况相当普遍，不是只有贵工厂如此。出现这种情况的原因是如今的年轻人普遍浮躁，无心踏实工作"。

请教乙顾问，获得的答案是"贵工厂的员工辞职时，主管批准得太快，导致离职的人数大于应聘的人数，才会出现较大的缺额"。

请教丙顾问，获得的答案是"发展趋势显示，服务业用人数量的上升势头较猛，工厂的招聘会越来越困难"。

谈及解决问题的方法，甲顾问表示社会风气有异，政府难辞其咎，既然难以在台湾地区招到合适的工人，不如另寻合适的建厂地点，以谋生存；乙顾问表示优化主管的管理方法有利于缩小，甚至弥合用人缺额，具体而言，主管不应该仅以完成工作为导向，什么事都公事公办，而应该同时以快乐工作为导向，增加人情味，用"留心"来留人；丙顾问则表示，既然各行各业的发展趋势已十分明确，工厂应顺势精简人员、降本增效。

问题一：社会上，失业的人很多，但是不少公司（工厂）招不到或招不满需要的人，为什么会出现这种现象？

问题二：将问题推责给社会风气的变化，能够解决工厂招不到或招不满需要的人的问题吗？

问题三：甲顾问的意见，有助于解决工厂的问题吗？

问题四：乙顾问的意见，有助于解决工厂的问题吗？

问题五：丙顾问的意见是否合理？

请把您的高见简要地写下来。

分析

◈ 分析一

为什么失业的人很多，但是不少公司（工厂）招不到或招不满需要的人？

最常被指责的是社会风气——很多人认为如今的年轻人普遍浮躁，无心踏实工作，导致原本应该踏实工作的人弃务本而趋投机，未来堪忧。

在阴阳思想的指导下，很快有人反驳道："时代在变，环境也在变，年轻人何罪之有？出现这一问题，责任应该由'国民高收入'来承担。"

不管是指责社会风气，还是指责社会利益分配制度，总之，责任大多被推给政府。这是中国人避重就轻的追责技巧之一——责备教师失教育之职，立即会有一群教师出面反驳；责备家长失管教之职，同样会有无数家长不依不饶，大家只好一同把责任推给"不代表任何人"的政府，简单且安全。

❖ 分析二

将问题推责给社会风气的变化，大概率解决不了工厂招不到或招不满需要的人的问题。就算政府强令这些浮躁的年轻人进入工厂工作，工厂敢聘用吗？

由此可见，解决问题，必须从根源入手。

❖ 分析三

事实上，已有不少工厂在按甲顾问的意见行动了，但中国人一向重视自己的"根"，很少有人愿意"拔根而起"——在熟悉的地方寻找出路，总比人地生疏地独自打拼强。

中国人的变通能力很强，只要用心寻找出路，面对任何问题，都能找到解决办法。

❖ 分析四

乙顾问的意见更有助于切实解决问题，因为在工人难招的时候，留人比招人重要。

留人必先留心，因此，指导主管优化管理方法，以快乐工作为导向，以留心为上策，更有可能让大家很有面子地留下来贡献自己的力量。当然，在优化管理方法的同时，还需要改善工作环境、提高工作待遇等，让决定留下来的人不吃亏、不后悔，才是真正地留住了大家的心。

需要注意的是，优化管理方法往往以改变观念为前提，变"招聘与留人是公司的事，与我无关"为"招聘与留人是与我密切相关的事，如果没有足够的合适的人，我的工作很难推进，甚至连主管都当不成"，主管便不会轻易批准员工的离职，且会珍惜员工，时常关心他们、照顾他们，使更多的员工能安心工作。

❖ 分析五

丙顾问的意见是合理的，能够精简人员的工厂应该顺势而为，加快机械化、自动化的脚步。顺势而为的举动，往往是最合理的举动。

说 明

我们必须承认，如今是高薪资、高效率的时代，希望获得高薪资，就应该做到高效率地工作。高效率怎么体现？对工厂来说，关键是能成功地精简人员——原本需要3个人完成的工作，如今1个人就能完成得很好，说明整体的工作效率很高。

公司无法奢求一招聘就能聘用到精明能干的人，只能设法将平凡的人磨练成精明能干的人。具体而言，公司必须在"人员的薪资和福利"与"机械化、自动化的设备更新"两个方面同时有所改善，让员工产生共同体意识，愿意与公司同甘共苦。

要 则

◎ 把发牢骚、埋怨、生闷气的时间和精力用在建设性事务上，变自吹自擂、目空一切的心态为"我很卖力，大家也很卖力；我很优秀，大家也各有长处"的念头，才能够稳稳地逐步提高能力与业绩。

◎ 想要实现人尽其才这一目标的先决条件是公司正派经营、产品适合市场的需要、销售渠道通畅。

◎ 在公司精简人员的过程中，主管要负起及时指导与调整的责任。主管是否有足够强的指导能力与沟通能力，是公司能否顺利转型的关键。

心 得

请写下您的阅读心得。

罚不罚都有理

个 案

公司规定上班时间不得阅读与工作无关的报刊，否则依规议处。这项规定由人事部门告知公司内所有业务部门后，不同业务部门有着不同的执行效果。

A业务部门的王经理按要求将规定告知了所有下属，并叮嘱大家发扬法治精神，严格遵守规定。不久后的一天，王经理发现平日表现良好的某甲竟然"顶风作案"，在上班时间翻阅与工作无关的报刊。王经理非常失望，气冲冲地走到某甲身边，不客气地说："想不到你平日表现得那么好，居然也不遵守规定！我只能依规处罚你！"某甲没有辩解，只是默默地把报刊收了起来。受罚后，某甲提交了辞呈，离开了公司。对此，总经理非常不满，认为王经理的处理方法"对是对，但是不圆满"。

B业务部门的李经理将规定交给下属自行传阅了一圈，并口头鼓励大家一起养成在上班时间心无旁骛地工作的良好习惯。不久后的一天，李经理发现部门内最优秀的员工某乙在上班时间看了很久与工作无关的报刊。对此，李经理心想："这么优秀的下属，我怎么可以因为这点小事处罚他？就算他不至于一气之下辞职他去，如果因心生不满而不再努力工作，同样是部门、公司的损失！"于是，李经理当作没看到此事，放过了某乙。李经理的做法让B业务部门的很多员工深感愤怒——发现违规行为却不依规议处，规定有什么用？大家议论纷纷，总经理听说后非常不满，认为李经理不认真执行公司的规定，是未能恪尽职责的表现。

C业务部门的张经理与王经理、李经理的处事风格都不同，他一向遵循按规定办事的原则，但面对不同的下属，有明显不同的沟通态度。

发现部门内最优秀的下属某丙违反规定在上班时间看与工作无关的报刊时，张经理灵机一动，从自己的抽屉里拿出一本业内报刊，走到某丙身边说："这里有一篇专业文章，值得好好看看！"然后，张经理顺手拿起某丙所看的报刊，将两本卷在一起，一边递给某丙一边叮嘱道："我看你最好带回家去看，免得不知情的人以为你在上班时间看与工作无关的报刊。"某丙点了点头。此事后，某丙表现得更加优异。

发现部门内经常否认事实，且很擅长恶人先告状的某丁在上班时间看与工作无关的报刊时，张经理先请坐在某丁旁边的某戊以请教问题为借口过去看了看某丁究竟在干什么后，才在某戊的证明下签请公司处罚某丁。

对于表现得既非最好，又非很差的下属呢？张经理通常会先警告，再处罚，使受到违规处罚的下属知过能改，不至于怀恨在心。

问题一：对待下属，上司是否应该一视同仁？为什么？

问题二：作为上司，应该如何面对下属之间的差异？

问题三：作为上司，应该如何处理某甲、某乙、某丙等平日表现优异的下属的违规行为？

问题四：您怎么看A业务部门的王经理和B业务部门的李经理的处理方法都惹得总经理非常不满这件事？

问题五：您如何评价张经理的处事风格？

请把您的高见简要地写下来。

分 析

◈ 分析一

对待下属，上司是否应该一视同仁？这个问题看似简单，其实不然。

中国人深知"一个巴掌拍不响"的道理，牢牢把握着有阴阳两极的反 S 曲线，既不否定一视同仁的重要性，又不肯定一视同仁的普遍性。因此，对待下属，上司既不能不一视同仁，又不能一直一视同仁。

具体而言，上司初来乍到，对下属并不了解时，应该一视同仁，显得没有私心。但是，若管理了半年、一年后，依然一视同仁，便是不用心管理、不明辨是非的表现。

◈ 分析二

不同的下属，表现一定有差异。对表现好的、表现平平的、表现不好的下属，上司均一视同仁，公平吗？合理吗？既不公平，又不合理。但换个角度看，上司根据自己对各下属的了解，采取不同的对待态度，公平吗？合理吗？不好说——如果对某位下属有所误解怎么办？

由此可见，对待下属，上司既不可以始终一视同仁，又不可以轻易地单凭主观判断给予区别对待。正确的领导态度应该是尽量客观地深入了解，通过经常沟通，不断更新自己对各位下属的印象，力求公正地评判。

在这种公正的前提下站在一视同仁的立场上分是非，给予"不一视同仁"的对待，可谓合理的、符合反 S 曲线的行为。

◈ 分析三

平日表现良好的下属违规后，上司立刻毫不通融地依规处理，虽然是执法甚严的正确行为，但是很容易让员工心寒，心想："我平常表现得那么好，犯个小错还要照罚，真是不近人情！"那么，如果平日表现良好的下属违规后上司装作没看见会怎样？大概会有更多的人不服，心想："平日表现良好时已经获得了应得的好处，现在明显违规，居然不被处罚，简直是在搞特权！"

由此可见，平日表现良好的下属违规后，上司既不可毫不通融地处罚，又不可视而不见，如何站在一视同仁的立场上分是非并给予"不一视同仁"的对待，是值得上司仔细琢磨的。

❖ 分析四

A业务部门的王经理处事果决，逼走了某甲，是把事情做得太激进的表现。试想，如果总经理为了挽留某甲，变更对某甲的处罚决定，王经理日后该如何自处？如果王经理据理力争，总经理决定开会讨论此事，王经理能得到大多数人的支持，稳操胜券吗？想清楚这两个问题后，或许王经理就不会如此冒失地处理某甲的违规事件了。

有人说正是因为中国人凡事考虑得太多，所以处事不够正直。这是偷换概念的指责，很多事不能混为一谈。

B业务部门的李经理不依规议处某乙的违规行为，某乙会有何反应？会不会因此养成目无法纪的坏习惯？总经理听说此事后对李经理非常不满，可见总经理是讲是非的，并不是一味袒护优秀员工的领导。在这种情况下，拿出合理的处罚决定，远好于视而不见。

❖ 分析五

依规议处是直线行为，不依规议处也是直线行为，均不适合崇尚中庸的中国人，像张经理的行为一样因时、因地制宜的行为，才是圆通的曲线行为。

中国人的阴阳文化讲究阴中有阳，阳中有阴，换句话说，相对之中含有绝对。面对情节严重、影响深远的事件，我们大多不敢在执行过程中有所偏差，但面对一般性事件、有转圜余地的事件，合理地进行一些圆通处理，未尝不可。

说　明

中国人喜欢有原则且能合理坚持原则的人，像个案中的张经理一样，在坚持依规处理的原则的基础上有所变通，才是作为上司的正道。

作为上司，不坚持原则是失职的表现，算不上合格的上司。但是，若因坚持原则而招致下属的怨恨，也不是合格的上司——不仅对自己不利，而且对公司无益。

因此，作为上司，必须在坚持原则的基础上做到广结善缘，不可过刚，也不可过柔。个案中，A业务部门的王经理是过刚的典型，B业务部门的李经理是过柔的典型，想要刚柔并济，不妨效仿C业务部门的张经理的处事风格。

了解不同下属的个性，明确不同下属的优缺点，针对不同的下属，使用不同的管理方法来坚持自己的原则，才能做到有效管理且不留后遗症。

要 则

◎ 中国人常陷入无事则已，一有事便牵连出很多事的困境，但正是这种困境，将中国人磨练得越来越成熟、圆通。

◎ 对中国人来说，犯错的时候，罚不罚并不是我们最关心的，罚得是否合理才是重中之重。因此，与其研讨罚不罚，不如研讨怎么罚最合理。

◎ 罚有罚的理由，不罚有不罚的理由，怎样罚也各有理由。作为管理者，应该以不变应万变，持经达变地有所罚有所不罚，以求合理。

心 得

请写下您的阅读心得。

结语

❖ 中国人的包装哲学

"我十分尊重制度,这样变更,完全是为了整体的利益。"这种冠冕堂皇的话谁都会讲,但是实际行动如何,实在很难讲,可能是真的为了整体的利益,也可能是假的。

面对这样讲话的人和相关的事,有人会表示支持:"虽然对制度略有变更,但这确实是不得已而为之,不进行一些变更,事情根本办不成。"听起来很有道理。但与此同时,有人会表示反对:"分明是假公济私,还要强行辩解?"听起来同样有道理。

中国人深受阴阳文化的影响,相信"阴中有阳,阳中有阴",认为所有事情都是"真中有假,假中有真",且"是中有非,非中有是"的,以至于仅看表象,很难分辨一个中国人的言行究竟是真还是假、是实还是虚,因为同一个"因",可能产生两种,甚至多种"果"。

孔子主张了解一个人时要"听其言,观其行",这是在告诫我们,想了解一个人,要综合分析他的言语与行为,深入洞察其真实品性和内心世界。为什么这样麻烦呢?因为中国人有一套奇特的包装哲学,能够将很多事物包装得以假乱真。我们总是高呼"防人之心不可无",便是出于对"包装"的防范。

中国人主张随机应变,反对投机取巧,但是,这两者很像孪生兄弟,不容易分辨。

面对任何人的权变行为,如果想将它解读成随机应变,是可以说出一大堆理由的,使人信以为真;如果想将它解读成投机取巧,也是可以左采右撷,找到很多理由的,让人不得不相信。中国人做的事情常常很难明辨是非,这是一大缘由。

换一个角度看，如果愿意寻根究底，我们会发现，随机应变和投机取巧是有分辨方法的——同样是变更，如果变来变去，不离根本，便是随机应变；如果变的时候连根本都变掉了，便是投机取巧。

表面上，都是变来变去；实际上，一个是不离根本，另一个是偏离或舍弃根本，全然不同。

同理，表面上，中国人的行为差不多；实际上，看起来差不多的行为，会导致截然不同的结果。"差之毫厘，谬以千里"说的大概就是这种现象。

通过阅读本书，了解中国人的行为，明白中国式的因应方式，根据圆通的处事方法调整自己的言行，便能做到无论别人如何包装，自己都不忧、不惧。